ספר
עֵץ חַיִּים
לרבינו
חַיִּים וִיטַאל זְצַ"ל
שֶׁקִּבֵּל מִמָרָן הָאֲרִ"י זלה"ה
שַׁעַר הַהִשְׁתַּלְשְׁלוּת ע"ס
שַׁעַר ב' עֲנָף ג'
דט"ו ע"ד – דט"ז ע"ב
תשע"פ
SimchatChaim.com
בהוצאת
שִׂמְחַת חַיִּים

בס"ד

הקדמה

ירפא **ה**מאציל **ו**יושיע **ה**בורא את כל חולי בני ישראל, וישלח להם רפואה שלימה, רפואת הנפש ורפואת הגוף, בכל אבריהם ובכל גידיהם לעבודתו יתברך.

בי"ב במנחם אב תשס"ה, הובהלתי לבית החולים, הרופאים לא נתנו לי סיכוי לחיות יותר מכמה שעות בגלל מספר תסבוכות. עם כל זאת בזכות התפילות של בני ישראל הקדושים, ברחמיו הרבים, ריחם עלי הקדוש ברוך הוא, ונשארתי בחיים.

עם כל זאת, הובחנה אצלי מחלה קשה בכליות, ונאמר לי שהצטרך למכונת דיאליזה. בשבילי זה היה שוק!!! אף פעם לא הייתי אצל רופא, או בבית חולים. כך בעל כרחי התחברתי למכונת דיאליזה, ומכונה זאת הייתה[1] קשורה בי ככלב במשך שמונים חודשים בדיוק, כמניין **יסוד**, במשך 12-10 שעות ביום.

בשבת פרשת **ויחי יעקב** י"ב טבת תשע"ב, בזכות בני ישראל, שכולם אהובים כולם ברורים כולם גיבורים כולם קדושים... וכולם פותחים את פיהם באהבה שלוש פעמים ביום, ואומרים - **ברוך אתה... רופא חולי עמו ישראל**, וכללותם כל האברכים, תלמידי הישיבות, רבנים וחכמים, חסידים, מקובלים עם תינוקות של בית רבן, זקנים עם נערים, בחורים וגם בתולות, בארץ הקודש ובעולם. ומצד שני בנות ישראל היקרות מפז, שהתפללו וקבלו עליהם כל מיני קבלות, מהפרשת חלה עד צניעות וכיסוי הראש, עם הרבנים, המנהלים, המורים, המורות **והתלמידות של בית יעקב דטורונטו** שכל יום התפללו, וכללו בתפילתם שבקעה את כל הרקיעים אותי, ונושעתי אני הקטן. הושתלה בי כליה. והתנתקתי ממכונת הדיאליזה.

אמר המלך דוד - לולי[2] תורתך שעשעי אז אבדתי בעניי. מה שנתן לי חיות היא התורה הקדושה, בשעות הרבות שהייתי מחובר למכונת הדיאליזה (כ12 שעות ביום), ערכתי סדרתי וכתבתי במחשב את קונטרסים שלמדתי במשך שנים. וקונטרסים אלו הפכו לחיבור, ואחרי התלבטויות ובקשות מבני גילי, החלטתי בעזרתו יתברך להדפיס קונטרסים אלו.

ידוע הוא כי כל דברי האר"י זלל"ה ותלמידו נאמן ביתו, רבינו חיים ויטאל הם סתומים וחתומים באלפי שרשראות ומנעולים, והרב ז"ל גלה טפח וכיסה אלפים אמה, וכלל דבריהם הוא משלים, עם כל זאת העוסק במשל פועל בעלמות העליונים בנמשל. לכן צריך זהירות גדולה לא להגשים את המשלים, בסוד המבואר בספר הזוהר הקדוש - **ועלייהו אתמר** ועליהם נאמר - **ארור האיש אשר יעשה פסל ומסכה וגומר, ושם בסתר, מאי בסתר** מהו בסתר - **בסתרו דעלמא** בסתר של העולם. ובגין דא אמר קודשא בריך הוא לא תעשון אתי ומפני זה אמר הקדוש ברוך הוא לא תעשון אתי **אלה"י כסף ואלה"י זהב**, והכי אוקמוה חבריא לא **תעשון אתי כדמות שמשי שמשמשין אותי** וכך העמידוהו החברים לא תעשון אתי כדמות שמשי שמשמשים אותי **במרום, לצייירא בסתר דילי שום ציור או דמיון** לצייר בסתר שלי שום ציור או דמיון, **דכל מאן דצייר לעיל לקודשא בריך הוא** שכל מי שמצייר למעלה לקדשה ברוך הוא, בסתר (**דאיהי שכינתיה, כלילא מעשר**

גמרא סוטה ד"ג ע"ב – רבי אלעזר אומר, **קשורה בו ככלב**, שנאמר, ולא שמע אליה לשכב אצלה להיות עמה לשכב אצלה בעולם הזה. להיות עמה לעולם הבא.

תהלים קי"ט צ"ב

ספיראן שהיא שכינתו, כלולה מעשר ספירות(, **שום ציור, וצלם, ודמות, כגוונא** דמצייירין בשמשין דיליה שמצייירים בשמשים שלו, **נשמתיה אתלבשא בההוא צלמא** נשמתו מתלבשת באותו צלם....

וכן הוא בסוף ענף ד' דשער א' בספר עץ חיים שער ההקדמות, וז"ל הטהור - ואמנם דבר גלוי הוא כי אין למעלה גוף ולא כח גוף חלילה. וכל הדמיונות והציורים אלו לא מפני שהם כך חס ושלום. אמנם **לשכך את האוזן** לכשיוכל האדם להבין הדברים העליונים, הרוחניים, בלתי נתפסים, ונרשמים בשכל האנושי. לכן ניתן רשות לדבר בבחינת ציורים ודמיונים, כאשר הוא פשוט בכל ספרי הזוהר. וגם בפסוקי התורה עצמה כולם כאחד עונים ואומרים בדבר הזה, כמו שאמר הכתוב עיני הוי"ה המה משוטטים בכל הארץ. עיני הוי"ה אל צדיקים. וישמע הוי"ה. וירח הוי"ה. וידבר הוי"ה. וכאלה רבות. וגדולה מכולם מה שאמר הכתוב - ויברא אלהי"ם את האדם בצלמו בצלם אלהי"ם ברא אותו זכר ונקבה וגו'. **ואם התורה עצמה דברה כך** גם אנחנו נוכל לדבר כלשון הזה, עם היות שפשוטו הוא שאין שם למעלה אלא אורות דקים בתכלית הרוחניות, בלתי נתפסים שם כלל, וכמו שאמר הכתוב - כי לא ראיתם כל תמונה, וכאלה רבות. ואמנם יש עוד דרך אחרת כדי להמשיך ולצייר בה הדברים העליונים, והם בבחינת כתיבת צורת אותיות, כי כל אות ואות מורה על אור פרטי עליון, וגם תמונת זו דבר פשוט הוא כי אין למעלה לא אות ולא נקודה, **וגם זה דרך משל וציור לשכך את האוזן** כנזכר.....

ולכן כל המבואר כאן בחיבור זה הוא כדי **לשכך את האוזן**. והתרשימים שבסוף החיבור הם כדי **לשבר את העין**, לכן אין שום ביאור והסבר שלם, ואין שום תרשים שלם בתכלית השלמות.

ידוע כי[3] דברי תורה עניים במקומן ועשירים במקום אחר, **ועל אחת כמה וכמה** בדברי הרב ז"ל, שכל סוגיה חסרה[4] במקומה, וחלקיה מפוזרים במקומות אחרים. **זאת ועוד** הרב ז"ל מערבב בדרוש אחד כמה וכמה סוגיות, כאשר בפשטות דבריו נראה שכל הדרוש הוא דרוש אחד, ולא מחולק לסוגיות שונות, ושמועות שונות, **ביאור** דברי הרב ז"ל כאן הם **בעומק, והוא בעצם ליקוט** עד איפה שידי הקצרה הגיעה, מכל חלקי ספר עץ חיים, ושמונה השערים המצוינים לרב ז"ל, מבוא שערים ושאר ספרי הרב ז"ל, והוא גם על פי הקדמת רחובות הנהר למרן הרש"ש, דרושי פנימיות וחיצוניות, דרוש הדעת, סוגיות ערכין, סוגיות דכללות והתכללות, פרטות וכללות, וסוגיות עובי ואורך, ועל פי ביאור גדולי רבותינו חכמי המקובלים לדורותם זלה"ה זי"ע.

ידוע כי[5] אין בר בלי תבן, כך אין ספר בלי טעויות, ועוד יודע אני כי דל ועני אני, **ואין**[6] **עני אלא בדעה.** לכן מבקש אני בכל לשון של בקשה אם יש לכל אחד שאלות, הערות, הארות, תיקונים, נא לשלוח ל - ‏book@simchatchaim.com‏ והשתדל לענות, ולתקן את הצריך תיקון.

בברכה והצלחה בלימוד התורה הקדושה

ובעיקר בפנימיות התורה, תורת האר"י הח"י.

ורפואה שלימה לכל חולי ישראל.

אח"י

---

[3]
גמרא ירושלמי, ראש השנה פ"ג הלכה ה' די"ז ע"א – דברי תורה עניים במקומן, ועשירים במקום אחר.

[4]
תורת חכם דע"ב ע"ב – חסר לשון הוא, כמו שיראה המעיין.

[5]
גמרא ברכות נ"ה א' - מה לתבן את הבר נאם ה', וכי מה ענין בר ותבן אצל חלום, אלא אמר ר' יוחנן משום ר' שמעון בן יוחאי ,כשם שאי אפשר לבר בלא תבן, כך אי אפשר לחלום בלא דברים בטלים.

[6]
גמרא נדרים מ"א ע"א – אין עני אלא בדעה .

ב"ה

הקדמה קצרה לחיוב לימוד תורת הקבלה

ישמחו ה**ש**מים ו**ת**גל ה**א**רץ ירעם הים ומלאו. שזכינו בדור שלנו שפנימיות התורה, שהיא היא תורת הקבלה, מתפשטת לכל, וכל מקום בעולם היום לומדים בתורת הח"ן. הדור שלנו יש הרבה התעוררות ללמוד סתרי התורה הקדושה, הנקראת חכמת הקבלה. בירושלים של המאה ה18 בישיבת **בית אל** היו בקושי מנין של מקובלים, והיום תורת הקבלה מופצת בכל מקום בארץ ובעולם. לעניות דעתי אחת הסיבות העיקריות לשינוי זה הוא רצונם של בני התורה, החוזרים בתשובה ועמך לדעת את סוד החיים, למה ברא הקדוש ברוך הוא את העולם, ואת טעמי המצות, ר"ל אי אפשר היום בדור שלנו, להסביר על פי הפשט את הסיבה מדוע אסור לאכול בשר וחלב, מדוע צריך להניח תפילין, למה לשמור דווקא שבת ולא יום שלישי, אי אפשר להגיד כל הזמן **זאת גזרת הכתוב, כך רוצה הקדוש ברוך הוא**, האנשים מחפשים הסברים למצות, לסיפורי התנ"ך, לגלגולי נשמות, ועוד. ורק על ידי עסק בפנימיות התורה, אדם מסיג את ההסברים לקושיות שיש לו. **זאת ועוד** חיים אנחנו בדור של חומריות, והאנשים מחפשים את הרוחניות שבחיים, אז מה עושים, נוסעים למזרח, להודו, סין, תאילנד למצוא רוחניות, ולא יודעים **ששורש כל הרוחניות בעולם נמצאת בתורה הקדושה**, עם כל זאת כאשר הלומד את פשט התורה, **הוא לא מכיר** את הקדוש ברוך הוא, והוא בלי יראת שמים ושמחה אמתית. כותב הרב המקובל האלוה"י רבינו יהודה פתייה בפרושו הנפלא על עץ חיים - כי לימוד עץ חיים הוא עמוק מאד מאד, כי הוא **מים שאין להם סוף**, והוא קשה מאד גם לחכמים ההוגים בו תמיד, וכל שכן למתחילים. כי הוא חזק מצור, וקשה מברזל, שאי אפשר לחצוב ממנו מאומה, אם לא על ידי כלי מחצב חזקים כציפורן שמיר. וכל המתחיל בלימוד עץ חיים, אם לא יהיה לו רב, או לפחות איזה מפרש המפרש לו כוונת הפרק ההוא לפי פשוטו, נבול יבול, ואינו יכול לעמוד על הפרק כי אם לאחר יגיעה רבה, ושקידה עצומה, וכולי האי ואולי. כי הרבה פעמים יסבור המעיין שהבין הענין ההוא כראוי, ואחר שילמוד עוד איזה פרקים אחרים, ירגיש כעצמו שלא הבין את בין פרקים הקודמים, והניסיון יעיד על זה, עד כאן דברי קודשו. עם כל זאת חייב כל אדם לעסוק בתורת ה**חיים**.

צדיק אתה הוי"ה וישר משפטיך. כתב הרב רבינו חיים ויטאל ז"ל בהקדמה לשער ההקדמות - והנה מה שכתב בתחילת דבריו, ואפילו כל אינון דמשתדלי באורייתא כל חסד דעבדי לגרמייהו וכו', עם היות שפשטו מבואר ובפרט בזמנינו זה, בעונותינו היום אשר התורה נעשית קרדום לחתוך בה אצל קצת בעלי תורה, אשר עסקם בתורה על מנת לקבל פרס, והספקות יתירות, וגם להיותם מכלל ראשי ישיבות, ודיני סנהדראות, להיות שמם וריחם נודף בכל הארץ, **ודומים במעשיהם לאנשי דור הפלגה הבונים מגדל וראשו בשמים**, ועיקר סיבת מעשיהם היא מה שנאמר אחר כך הכתוב - **ונעשה לנו שם**... והנה על הכת הזאת אמרו בגמרא כל העוסק בתורה שלא לשמה, נוח לו שנהפכה שלייתו על פניו, ולא יצא לאויר העולם. ואמנם האנשים האלה מראים תימה וענוה באמרם כי כל עסקם בתורה הוא לשמה. והנה החכם הגדול התנא רבי מאיר ע"ה העיד עליהם שלא כך הוא, באומרו לשון כללות - כל העוסק בתורה לשמה זוכה לדברים הרבה וכו', **ומגלים לו רזי תורה, ונעשה כנהר שאינו פוסק**, והולך

וכמעיין המתגבר מאליו, בלתי הצטרכו לטרוח ולעיין בה, ולהוציא טיפין טיפין של מימי התורה מן הסלע, הנה זה יורה שאינו עוסק בתורה לשמה כהלכתה, ומי זה האיש אשר לא יזלו עיניו דמעות בראותו המשנה הזאת, **ורואה חסרונו ופחיתותו**, עד כאן לשונו. לכן כל אחד צריך לטעום מעץ החיים.

חצות לילה אקום להודות לך על משפטי צדקך. כתב רבינו אליהו מני זצ"ל רבו של הרי"ח הטוב, בספרו הקדוש כסא אליהו שער ד' וז"ל - ואם זיכך הוי"ה ללמוד בחכמת האמת, הנה עצה היעוצה היא שכל סדר הלימוד בנגלה תתנהג בו ביום דווקא. **אבל בלילה תלמוד בחכמת האמת, והעיקר הלימוד אחר חצות**, כי זה הלימוד צריך ישוב דעת הרבה, וכשיקוץ האדם אז דעתו מיושבת עליו יותר. גם גה הלימוד צריך הסתר והצנע, **וכל דבר שיהיה בלילה ובפרט אחר חצות יהיה נסתר יותר מן היום**. ותעשה ועד עם החברים בבית המדרש אם הוא צנוע, **או בביתך ותלמדו בכל לילה**, עד כאן לשונו. וישב ללמוד האדם בלילה תחת עץ החיים.

קראתי בכל לב עניי הוי"ה חקיך אצרה.[7] בהקדמות לשער ההקדמות מבאר הרב ז"ל - ואמנם אל יאמר אדם אלכה לי ואעסוק בחכמת הקבלה, מקודם שיעסוק בתורה במשנה ובתלמוד, כי כבר אמרו רבינו ז"ל - אל יכנס אדם לפרדס **אלא אם כן מלא כריסו בבשר ויין**, והרי זה דומה לנשמה בלתי גוף, שאין לה שכר ומעשה וחשבון, עד היותה מתקשרת בתוך הגוף, בהיותו שלם מתוקן במצות התורה בתרי"ג מצות. **וכן בהפך** בהיותו עוסק בחכמת המשנה והתלמוד בבלי, ולא ייתן חלק גם אל סודות התורה וסתריה, כי **הרי זה דומה לגוף היושב בחושך**, בלתי נשמת אדם נר הוי"ה המאירה בתוכה, **באופן שהגוף יבש בלתי שואף ממקור חיים**, אשר זהו ענין אומרו במקום אחר ההוא הנזכר לעיל וז"ל - דאילין אינון דעבדי לאורייתא יבשה, ולא בעאן לאשתדלא בחכמת הקבלה וכו'. באופן כי התלמידי חכמים העוסקים בתורה לשמה, ולא לשמו, לעשות לו שם. צריך שיעסוק בתחילה בחכמת המקרא, והמשנה, והתלמוד, כפי מה שיוכל שכלו לסבול. ואחר כך יעסוק לדעת את קונו בחכמת האמת, וכמו שציוה דוד המלך ע"ה את שלמה בנו - דע את אלה"י אביך ועבדהו. ואם האיש הזה יהיה כבד וקשה בענין העיון בתלמוד, מוטב לו שיניח את ידו ממנו, אחר שבחן מזלו בחכמה זאת, ויעסוק בחכמת האמת. וזה שמבואר כל תלמיד חכם שאינו רואה סימן יפה בתלמוד בחמשה שנים, שוב אינו רואה, עד כאן דברי קודשו. ומזה כל אחד ואחד חייב להדבק במקור החיים.

חסדך הוי"ה מלאה הארץ חקיך למדני. בשער הגלגולים, בקדמה ט"ז כתב הרב ז"ל - עוד צריך שתדע, כי האדם צריך לקיים כל התרי"ג מצות, במעשה, ובדבור, ובמחשבה. וכמו שאמרו ז"ל על פסוק - זאת התורה לעולה ולמנחה וכו', כל העוסק בפרשת עולה, כאלו הקריב עולה וכו'. וכוונו בזה שהאדם מחוייב לקיים כל התרי"ג מצות בדבור, וכן על דרך זה במחשבה. ואם לא קיים כל התרי"ג בשלושה בחינות הנזכרות, מחוייב להתגלגל עד שישלים אותם. **עוד דע**, כי האדם מחויב לעסוק בתורה בארבעה מדרגות, **שסימנם פרד"ס**, והם, פשט, רמז, דרוש, סוד וצריך שיתגלגל עד שישלים אותם. ובהקדמה י"ז כותב הרב ז"ל - וז"ל - שהאדם **מחוייב לעסוק בתורה בארבעה מדרגות שבה**, והיא זאת, דע, כי כללות כל הנשמות

הם ששים רבוא ולא יותר. והנה התורה היא שרש נשמות ישראל, כי ממנה חוצבו, ובה נשרשו. ולכן יש בתורה ששים רבוא פירושים, וכלם כפי הפשט. וששים רבוא ברמז. וששים רבוא בדרש. **וששים רבוא בסוד.** ונמצא, כי מכל פירוש מן הששים רבוא פרושים, ממנו נתהווה נשמה אחת של ישראל, ולעתיד לבא כל אחד ואחד מישראל, ישיג לדעת כל התורה כפי אותו הפירוש המכוון עם שרש נשמתו, אשר על ידי הפירוש ההוא נברא ונתהווה כנזכר. וכן בגן עדן אחר פטירת האדם, ישיג כל זה. וכן בכל לילה כאשר האדם ישן, ומפקיד נשמתו ויוצאה ועולה למעלה, הנה מי שזוכה לעלות למעלה, מלמדים לו שם אותו הפירוש, שבו תלוי שרש נשמתו. ואמנם הכל כפי מעשיו ביום ההוא, כך באותה הלילה ילמדוהו, פסוק אחד, או פרשה פלונית, כי אז מאיר בו יותר פסוק ההוא משאר הימים. ובלילה האחרת יאיר בנשמתו פסוק אחר, כפי מעשיו של אותו היום, וכולם על דרך הפירוש ההוא אשר תלויה בו שרש נשמתו כנזכר, עד כאן דברי קודשו. ור"ל שכל יהודי ויהודי חייב להשיג את שורש נשמתו, וללמוד את סוד החיים.

יבאוני רחמיך ואחיה כי תורתך שעשעי. מבואר במדרש משלי - אמר רבי ישמעאל, בא וראה כמה קשה יום הדין שעתיד הקדוש ברוך הוא לדון את כל העולם כולו בעמק יהושפט. בזמן שתלמידי חכמים באים לפניו, אומר לכל אחד מהם - כלום עסקת בתורה, אמר לו הן, אומר לו הקדוש ברוך הוא הואיל והודית, אמור לפני מה שקרית, ומה ששנית בישיבה, ומה ששמעת בישיבה. מכאן אמרו - כל מה שקרא אדם יהא תפוש בידו, ומה ששנה כמו כן, שלא תשיגהו בושה ליום הדין. מכאן היה רבי ישמעאל אומר - אוי הלה לאותה בושה, אוי לה לאותה כלימה, ועל זה ביקש דוד מלך ישראל בתפילה ובתחנונים לפני המקום ואמר - הוי"ה בוקר תשמע קולי בוקר אערך לך ואצפה. בא לפניו מי שיש בידו מקרא ואין בידו משנה, הקדוש ברוך הוא הופך את פניו ממנו, ושרי גיהנם מתגברים בו כזאבי ערב, ונוטלין אותו ומשליכין אותו לתוכה. בא לפניו מי שיש בידו שני סדרים או שלושה, אז הקדוש ברוך הוא אומר לו - בני, כל ההלכות למה לא שנית אותם, ואם אומר הקדוש ברוך הוא הניחוהו, מוטב, ואם לאו עושין לו כמידת הראשון. בא לפניו מי שיש בידו הלכות, הקדוש ברוך הוא אומר לו - בני, תורת כהנים למה לא שנית, שיש בה טומאה וטהרה, וטומאת שרצים וטהרת שרצים, טומאת נגעים וטהרת נגעים, טומאת נתקים ובתים וטהרת נתקים ובתים, טומאת זבים ולידה וטהרת זבים ולידה, טומאת מצורע וטהרתו, סדר ווידוי יום הכיפורים, וגזירות שוות, ודיני ערכים, וכל דין שדנו ישראל לא דנו אלא מתוכו. בא לפניו מי שיש בידו תורת כהנים, אומר לו הקדוש ברוך הוא - בני, חמישה חומשי תורה למה לא שנית, שיש בהם קריאת שמע, ותפילין, ומזוזה. בא לפניו מי שיש בידו חמישה חומשי תורה, אומר לו - בני, למה לא למדת הגדה, ולא שנית, שבשעה שהחכם יושב ודורש, אני מוחל ומכפר עוונותיהם של ישראל, ולא עוד אלא בשעה שעונין אמן יהא שמיה רבה מברך, אפילו נחתם גזר דינם אני מוחל ומכפר להם עוונותיהם. בא לפניו מי שיש בידו הגדה, אומר לו הקדוש ברוך הוא - בני, תלמוד למה לא שנית, שנאמר - כל הנחלים הולכים אל הים והים איננו מלא, זה התלמוד, שיש בו חכמות הרבה. בא מי שיש בידו תלמוד, הקדוש ברוך הוא אומר לו - בני, הואיל ונתעסקת בתלמוד, **צפית במרכבה, צפית בגאוה**, שאין הנייה בעולמי, אלא בשעה שתלמידי חכמים יושבים ועוסקים בתורה, מציצין ומביטין ורואין והוגין המון התלמוד הזה - **כסא כבודי היאך הוא עומד. רגל הראשונה במה היא משמשת, שנייה במה היא משמשת, שלישית במה היא משמשת, רביעית במה היא משמשת, חשמל היאך הוא עומד, ובכמה פנים הוא מתהפך בשעה**

אחת, לאי זה רוח הוא משמש, הברק היאך הוא עומד, כמה פנים של זוהר נראין בין כתפיו, לאיזה רוח משמש, כרוב היאך הוא עומד, לאי זה רוח הוא משמש. גדולה מכולם עיון כיסא הכבוד, היאך הוא עומד, עגול הוא כמין מלבן, ומתוקן הוא, כמה גשרים יש בו, כמה הפסק בין גשר לגשר, וכשאני עובר באיזה גשר אני עובר, ובאי זה גשר האופנים עוברים, ובאיזה גשר הגלגלים עוברים. גדולה מכולם מצפורני ועד קודקודי, היאך אני עומד, כמה שיעור בפיסת ידי, וכמה שיעור אצבעות רגלי. גדולה מכולם כיסא כבודי, היאך הוא עומד, לאיזה רוח הוא משמש, באחד בשבת לאיזה רוח הוא משמש, בשני בשבת לאיזה רוח הוא משמש, בשלישי בשבת לאיזה רוח הוא משמש, ברביעי בשבת, בחמישי בשבת, בשישי בשבת לאיזה רוח משמשין, וכי לא זהו הדרי, זהו גדולתי, זהו הדר יופי, שבניי מכירין את כבודי במידה הזאת. ועליו אמר דוד - מה רבו מעשיך הוי"ה, כולם בחכמה עשית, מלאה הארץ קנייניך. עד כאן לשון המדרש. ממדרש זה לומדים על חובת כל אחד ואחד מישראל את לימוד כל חלקי הפרד"ס, ובעיקר את בחינת הסוד שבתורה, הנקרא[8] מעשה מרכבה, ובמעשה בראשית. ומבאר הרב בית לחם יהודה על השינוי שיש בפסוקים במעמד הר סיני, בפסוק אחד כתוב - ויחן שם **ישראל** תחת ההר. ומספר פסוקים יותר מאוחר כתוב וירא **העם** וינועו מרחק. וידוע כי כאשר כתוב בתורה **ישראל**, מדובר **בבני ישראל**, וכאשר כתוב **העם**, מדובר על **הערב רב**. וז"ל הרב בית לחם יהודה - ובזוהר בהעלותך דף קנ"ב ע"א קרי להעוסקים בחכמת האמת, אינון דהוי קיימי בטורא דסיני. וז"ל - חכמין עבדי דמלכא עלאה אינון דקיימו בטורא דסיני, לא מסתכלי אלא בנשמתא, דאיהי עיקרא דכלא אורייתא ממש וכו'. ונראה בעיני אם מותר, משמע אותן שאינן יודעים סודות התורה לא עמדו על הר סיני, עד כאן לשונו. ונראה לי בביאור כוונתו כי בתחלה כשיצאו ישראל לקראת האלהי"ם, היו מתייצבים בתחתית ההר, ואחר כך נאמר וירא העם וינועו ויעמדו מרחוק, כי היו יראים פן תאכלם האש הגדולה הזאת וימיתו. והיה מקצת מהעם שהיו ששים ושמחים לקראת השכינה, ולא רצו לזוז ממקומם הראשון, ולעמוד מרחוק, אפילו אם ימיתו ממש. ועליהם הוא מה שכתב בזוהר הנזכר - אינון דקיימו בטורא דסיני, כלומר לא נעו ועמדו מרחוק, אלא עמדו בטורא דסיני מתחלה ועד סוף, ולכן הם זוכים לחכמת האמת. ואותם הנשמות אשר נעו עם העם ועמדו מרחוק, כן הם עושים גם עתה, שנסים ועומדים מרחוק לחכמת האמת מיראתם, פן תאכלם האש הגדולה הזאת. ולכן על כל אחד ואחד מבני ישראל הקדושים מחויב לעמוד תחת עץ החיים.

יראיך יראוני וישמחו כי לדברך יחלתי. בספר הזוהר הקדוש מבואר מדוע התפילות של בני ישראל לא נענות, וז"ל תיקוני הזוהר תיקון מ"ג - **בראשית תמן את"ר יב"ש** במלת בראשית יש אותיות את"ר יב"ש, **ודא איהו ונהר יחרב ויבש** היסוד הנקרא נהר יחרב ויבש ממי השפע, ואין לו מה להשפיע למלכות, **בההוא זמנא דאיהו יבש** באותו הזמן שהיסוד הוא יבש, **ואיהי יבשה** המלכות הנקראת יבשה, היא יבשה כי לא מקבלת שפע מהיסוד, אז כאשר **צווחין בניך לתתא** מתפללים וצועקים בני ישראל, **ביחודא ואמרין** וביחוד שאומרים בני ישראל **שמע ישראל** שיבא ז"א הנקרא ישראל להתיחד עם נוקבא בשעת התפילה דעמידה, עם כל זאת **ואין קול** של התפילה או הקריאת שמע שעוזרים לזיווג דזו"ן **ואין עונה** ואין מי שיענה וימלא את הבקשות בתפילתם. **הדא הוא דכתיב** וזהו שכתוב - **אז בני ישראל יקראוני**

גמרא חגיגה די"א ע"ב

בני ישראל בעת צרתם בקריאת שמע ובתפילה, **ולא אענה** ואני לא אענה אותם בתפלתם, מפני שלא לומדים ומתעסקים בפנימיות התורה. **והכי מאן דגרים דאסתלק** וכל מי שגורם הסלקות פנימיות תורת ה**קבלה וחכמתא מאורייתא דבעל פה ומאורייתא דבכתב** מהתורה שבעל פה והתורה שבכתב, **וגרים דלא ישתדלון בהון** וגורמים גם לאחרים שלא יתעסקו וילמדו את חכמת הקבלה, **ואמרין דלא אית אלא פשט באורייתא ובתלמודא** ואומרים שאין בתורה ובתלמוד אלא פשט התורה, בלי פנימיות הסוד, **בודאי כאלו הוא יסלק נביעו מההוא נהר** בודאי נחשב לו כאילו הוא מסתלק את נביעת שפע החכמה והבינה מן היסוד, **ומההוא גן** ומן הנוקבא הנקראת גן, **ווי ליה** לאותו יהודי **טב ליה דלא אתברי בעלמא** טוב לו שלא היה נברא, **ולא יוליף ההיא אורייתא דבכתב ואורייתא דבעל פה** ולא היה לומד תורה שבכתב ותורה שבעל פה, כי דינו כעם הארץ שלא למד כלל, ועוד **דאתחשב ליה כאלו אחזר עלמא לתהו ובהו** שנחשב לו כאילו החזיר את העולם לתהו ובהו, ר"ל לסוד שבירת הכלים לפי שמגביר הקליפות כאשר הנהר והגן יבשים, **וגרים עניותא בעלמא ואורך גלותא** וגורם עניות בעולם ומאריך את הגלות השכינה וביאת המשיח. עד כאן דברי הזוהר הקדוש. וכותב רב חיים ויטאל זלה"ה בהקדמה וז"ל - אמנם שעשועות של הקדוש ברוך הוא בתורה, והיותו בורא בה את העולמו, היתה בהיותו עוסק בתורה בבחינת הנשמה הפנימית שבה, הנקרא - רזי תורה, הנקרא מעשה מרכבה, **היא חכמת הקבלה** כנודע אל היודעים, וטעם הדבר הוא להיותו עולם האצילות העליון מאד, טוב ולא רע, דלא יכיל להתערבא עמיה קליפה, ועליה אתמר - וכבודי לאחר לא אתן, כנזכר בספר התיקונין דף ס"ו תיקון י"ח, וכן בספר הזוהר בפרשת בראשית דף כ"ח ע"א עיין שם. ולכן גם התורה אשר שם]**אח**"**י** - בעולם האצילות[איננה רק מופשטת מכל לבושי הגופנים, מה שאין כן למטה בעולם היצירה, עולם דמטטרו"ן, הנקרא עבד טוב, והוא הנקרא עץ הדעת טוב מסטרא, ומסטרא דסמא"ל שהוא קליפין דיליה, **נקרא עבד רע**, כי התורה אשר שם, הם שית סדרי משנה **הנקראים שפחה** כנזכר לעיל, וכנזכר בפרשת בראשית שם דף כ"ז ע"א. ולכן נקראת משנה, לפי ששם יש שינויים הפוכים **טוב מסטרא דעבד טוב**, היתר, כשר, טהור. **רע מסטרא דעבד רע**, איסור, טמא, פסול. גם הוא מלשון כי מרדכי היהודי משנה למלך, שהיה שפחה הנקרא עבד מלך, מלך גם נקרא מלשון שינה, כנזכר בפרשת פינחס דף רמ"ד ע"ב - קם זמנא תנינא ואמר, מארי מתניתין נשמתין ורוחין ונפשין דילכון אתערו כען ואעברו שינתא מניכון דאיהו, ודאי משנה אורח פשט, דהאי עלמא ואנא לא אתערנא בכו, אלא ברזין עילאין דעלמא דאתי דאתון בהון, לא ינום ולא יישן. וזה יובן במה שמבואר יותר למעלה שם - **ורבנן דמתניתין ואמוראי, כל תלמודא דלהון על רזין דאורייתא סדרו ליה**. ונמצא כי המשנה והש"ס הם הנקרא גופי תורה. והנה דבריהם כחלום בלי פתרון, **ורזיה וסתריה הפנימים הנקרא נשמת התורה, הם הם פתרון החלום הנפתר בהקיץ**, בסוד - אני ישנה ולבי ער, וכמו[9] שאמרו חכמים ז"ל - **במחשכים הושיבני כמתי עולם, זה תלמוד בבלי**, אשר איננו מאיר אלא על ידי ספר הזוהר, **הם הם רזי תורה וסתריה** אשר עליהם נאמר - ותורה אור. ואין ספק כי כמו שהיצר נקראת עבד ושפחה בערך האצילות, ונקרא קליפין ולבושין דחול, כנזכר בהקדמת ספר התיקונין ד"ג ע"ב וז"ל - וביומי דחול לביש עשר כתות דמלאכיא דמשמשי לעשר ספירות דבריאה. ואם כן אין לתמוה כי התורה אשר שם שהיא המשנה, תהיה נקרא שפחה וקליפין דתורה דאצילות, וזה סוד כל הבשר חציר הנזכר

---

[9]

סנהדרין דכ"ד ע"א.

לעיל במאמר הראשון, כי כמו שהחטה שהיא בגימטריא כמנין כ"ב אותיות התורה, הגנוזה תוך כמה קליפין ולבושין שהם הסובין והמורסן והתבן והקש והעשב, הנקרא חציר, כן המשנה אצל סודות התורה נקרא חציר, וזה נרמז בספר הזוהר פרשת כי תצא ברעיא מהמנא דף רע"ה ע"ב - **אצל רבנן ווי לאינון דאכלין תבן דאורייתא, ולא ידעי בסתרי אורייתא, אלא קלין וחמורין דאורייתא, קלין אינון תבן דאורייתא, וחמורין אינון חטה דאורייתא, ח"ט ה' אלנא דטוב ורע וכו'**. ואלו באתי להרחיב דרוש זה לא יספיקו מאה קונטרסין בלי ספק בלי שום גוזמא, האמנם החכם עיניו בראשו כי דברי אמת אני אומר, ואל יתמה האדם בראותו ספר הזוהר איך קורא אל המשנה שפחה וקליפין, כי עסק המשנה כפי פשטיה, **אין ספק שהם לבושין וקליפין חיצונים בתכלית אצל סודות התורה הנגנזים**, ונרמזים בפנימיותה כי כל פשטיה הם בעלם הזה בדברים חומרים תחתונים..... על כן על כל בני ישראל לאכול מעץ החיים.

מֶה אהבתי תורתך כל היום היא שיחתי. ומבאר הרב ז"ל בהקדמה לשער המצות, כי עסק לימוד פנימיות התורה הוא חלק בלתי נפרד מתלמוד תורה, וז"ל - גם בענין עסק התורה שהיא אחת מרמ"ח מצות עשה, אם לא השלים אותה, **שהוא ענין עסקו בפרד"ס התורה**, שהוא ראשי תיבות **פשט רמז דרש סוד**, בכל בחינה מהם כפי אשר יוכל להשיג, **עד מקום שידו מגעת**, לטרוח ולעשות לו רב שילמדנו. ואם לא עשה כן, הרי חסר מצוה אחת של תלמוד תורה, שהיא גדולה ושקולה ככל המצות, וצריך **להתגלגל** עד שיטרח הארבעה בחינות של פרד"ס כנזכר. וכן מבאר הרב בית לחם יהודה בהקדמתו הקדושה, וז"ל - ומה מאד נמלצו [**אח**]**י"י** - מלשון מליצה] בזה דברי הנביא ירמיה)סימן כ"ב באומרו - אל תבכו למת וכו'. שהוא מדבר עם הציבור המתקבצים להספיד על איזה צדיק הנפטר רח"ל, על שנחסר צדיק אחד מהדור שהיה מנין בזכותו עליהם. וקאמר להו הנביא אל תבכו וכו', **לפי שרובם של צדיקים אינם זוכים לעסוק בכל ארבעה חלקי הפרד"ס, ואם כן מוכרחים הם לחזור ולבוא בגלגול כדי להשלים לימודם בארבעה חלקים**, כי אפילו הוא עסק בשלוש חלקי הפרד"ס, לא יצא ידי חובתו, ועליו נאמר הן כל אלה יפעל א"ל פעמים שלש עם גבר, להחזירו בגלגול. ואם כן הויא פסידא דהדרא. ואפשר שבו ביום שנפטר הוא חוזר ומתגלגל, כנזכר בזוהר ריש פרשת אמור, יעו"ש. ואם כן אין לכם פסידא כל כך. אמנם בכו בכו להלך, לאותו צדיק שכבר עסק בארבעה חלקי הפרד"ס. כי תיבת להלך היא חסר ו', ואם תחשוב תיבת להלך ארבעה פעמים עם ארבעה הכוללים, שהם כנגד ארבעה חלקי הפרד"ס, הם בגימטריא פרד"ס. **שזה הצדיק לא ישוב עוד וראה את ארץ מולדתו, כי על ארבעה לא אשיבנו**. שזהו פסידא דלא הדרא באמת, ונחסר לגמרי מן העולם הזה, עד כאן לשונו. ולכן חובה על כל אדם לעסוק בכל חלקי הפרד"ס, ובפרט בחלק הסוד, הנקרא פנימיות התורה, כמבואר בזוהר הקדוש כמובא בזוהר הקדוש פרשת נשא דף קכ"ד - **בהאי חבורא דילך דאיהו ספר הזוהר יפקון ביה מן גלותא ברחמי**, בזכות הלימוד בספר הזוהר הקדוש, יצאו בני ישראל מהגלות **ברחמים**. ועוד כל מי שחשקה נפשו ללמוד, אסור למנוע זאת ממנו, בסוד הפסוק[10] - אל תמנע טוב מבעליו, ועל כל אדם להיכנס לפרד"ס החיים.

אַשרי האיש אשר לא הלך בעצת רשעים ובדרך חטאים לא עמד ובמושב לצים לא ישב. דע כי

משלי ג' כ"ז – אל תמנע טוב מבעליו בהיות לאל ידך לעשות.

יהיו הרבה אנשים רשעים, שינסו למנוע מבני ישראל הקדושים ללמוד בכללות תורה, ובפרט את תורת הקבלה, מכל מיני סיבות ומניעות, והשטן מדבר מגרונם של אלו הרשעים. ואלו דברי קודשו של בעל שבט מוסר רבינו אליהו הכהן האתמרי זצלה"ה - ובהביטך בן אדם מה שעבר על אחרים למה תרדוף אתה אחר כל אלה הדברים הזרים, להשביע נפש מרורים ולמוסרה ביד צרים המה המקטרגים הצוררים, ולמה לא תחמול על נפשך ועל נועם תבנית צלם גופך למוסרו בידן ולהשליכו בתוך גחלי רתמים בטיט היון של גיהנם, להשחירו ולהתיכו כאשר ניתך הזפת בפני האש, אשר על כן תן עצה אתה בנפשך **לברור בדרך החיים בעסק התורה והמצות**, וגם להצטער עצמך זמן קצוב הם חיי עולם הזה, כדי שתתענג זמן רב בלתי סוף ותכלית, ואל יעלה על דעתך כאשר עלה על דעת הרבה שנאבדו בידם באומרם כיון שמכיר אני בעצמי שאין בדעתי להבין ולהשכיל, איני עוסק בתורה, טועה הוא בדבר, שהרי הוא מחוייב לעשות מה שנצטוה לעשות, ואם יבין יבין, **שהרי והגית בו יומם ולילה כתיב** ולא כתיב ותבין בו, וכן תמצא בדברי התנא אם למדת תורה הרבה נותנין לך שכר הרבה, ואינו אומר אם הבנת הרבה, אלא למדת הרבה, ותשתדל להבין ואם תבין תבין, ואם לא שכר לימודך בידך, וכמאמר התנא לפום צערא אגרא, ומה גם שאמרו האדם איני לומד מפני שאיני מבין, **הוא פיתוי היצר**, יתמיד בלימודו וסוף הבינה לבא, שבראות קדוש ברוך הוא **חשקו בתורתו ודבקותו בה, פותח לו מעייני החכמה**, דכתיב - כי הוי"ה יתן חכמה מפיו דעת ותבונה. והנני מוסר לך דבר אשר תרדוף אחריה, ויהיה חיים לנפשך ועניקים לגרגרותיך, **לעולם יהיה עיקר לימודך בדבר של תורה שליבך חפץ יותר**, אם בגמרא גמרא, ואם בדרוש דרוש, ואם ברמז רמז, **ואם בקבלה קבלה**, ורמז לדבר כי אם בתורת הוי"ה חפצו, כלומר תורת הוי"ה תלויה בדבר שלבו חפץ לעסוק, וכמו שמבאר האר"י זלה"ה בספר דרושי הנשמות והגלגולים פרק שלישי, וז"ל - יש בני אדם שכל חפצם ועסקם בפשטי התורה, ויש שעסקם בדרוש, ויש ברמז, ויש גם כן בגימטריות, **ויש בדרך האמת**, הכל כפי מה שעליו נתגלגל בפעם ההוא, כיון שהשלים פעם אחרת בשאר העניינים, אין צורך לו שבכל גלגול יעסוק בכולם, עד כאן לשונו. **ואל תביט ותשגיח לדברי המתנגדים על מה שחשקת לעסוק בתורה** בגמרא או בפשט או בדרוש וכו', באומרם לך למה אתה מוציא כל ימיך בפרט זה של תורה ולא בפרט זה, משום שעל מה שחשקת ללמוד, על דבר זה זה באת לעולם, ואם תשים דעתך לדבריהם, יכריחוך להתגלגל בזה העולם פעם אחרת ולעבור נפשך בחרב חדה של מלאך המות ולטעום טעם מיתה, ולכן לא תשמע לדברי המשחית נפשך, **כי דע שהשטן מתלבש באלו האנשים לדאוג ולהצטער ולהכאיב נפש הלומד ועוסק בתורה**, בחלק שֶׁאָֽנְתָה נפשו לעסוק, כדי להבדילו משם שלא ישלים נפשו, על מה שבא להשלימה, ולהכריחו גלגולים אחרים, וכשם שבדבר שחושק יותר האדם ללמוד, משם יבין שעל דבר זה נתגלגל להשלים, כך צריך האדם שידע שורש נשמתו ומהיכן נמשך ועל מה בא לתקן ולהשלים, כמו שאמר בזוהר שיר השירים על הגידה לי את שאהבה נפשי וכו'. **וכדי שיבין יראה באיזה מצוה תקיף יצרו יותר לבטלה יתחזק בה לקיימה, כי בוודאי על מצוה זו נתגלגל**, וכדי שלא ישלים חוקו מנגדו יצרו לבטלה להוציאו מן העולם בידיים ריקניות... ולכן לא תשמע לדברי רשעים אלו, אלא תשמע לדברי חיים.

חבר אני לכל אשר יראוך ולשמרי פקודיך. בסוף[11] עץ חיים מובא מספר כללים למהרח"ו,

---

ע"ח ח"ב דקי"ט ע"א.

וז"ל - להאר"י זלה"ה. הרמב"ן וחבריו ודברי ראשונים כמו רבי נחוניא בן הקנה לא הזכירו רק עשר ספירות, ולא גילו עניני פרצוף כלל. **ודע שהרמב"ן והראשונים היו יודעים בפרצוף**, אלא שדברו בהעלם גדול, לרוב הגלות שלא ניתן רשות לגלות, ולהתפשט האורות הגדולים, מאחר שגברו הקליפות, וכל זר לא יאכל קדש. **אמנם בעקבות משיחא כמו בדורינו זה התחילו האורות להתפשט להיות כבראשונה**, כמו שהיה בזמן העולם מתוקן ולהתתקן מעט. ומתחלה היו האורות סתומים, היה העולם מקולקל, וכל מה שנתקלקל נסתם בגלות, ולא היו משיגין אלא עשר ספירות בסתום, בסוד הנקודות, כל אחד כלול מעשר, ובענין הפרצופים לא נתגלה להם כלל, לפי שמצאו בדברי הראשונים סתומים, ולא ידעו עומק הדברים, וחשבו שכך הוא ודברו בעשר ספירות כל אחד כלול מעשר ובבחינות הרבה, ולפי שראיתי מי שחולק על דברים אלו לאמור שלא מצינו אלא עשר ספירות, ומהיכן יש לשלוט כח לאמור כמה פרצופים שנמצא יותר מעשר ספירות, ומספר רב והלא הראשונים כתבו בספר יצירה - עשר ולא תשע, עשר ולא י"א, לזה באתי לפתוח לך כחודא דמחטא, אולי תזכה להבין מקצת, וכולו לא תשורנו עין, וזהו. ובהקדמתו[12] הקדושה כותב הרב ז"ל - והנה אין בכל דור ודור שלא נמצאו בו אנשים יחידי סגולה ששרתה עליהם רוח הקודש, והיה אליהו הנביא ז"ל נגלה עליהם, **ומלמד אותם סתרי החכמה הזאת**, וכמו שנמצא כתוב בספרי המקובלים, גם בעל ספר הרקנטי כתב בפרשת נשא בפרשת ברכת כהנים...... ואנשי לבב שמעו לי, אל יהרסו אל הוי"ה, **לראות בספרי האחרונים הבנויים על פי השכל האנושי**, ושומע לי ישכון בטח ושאנן מפחד רעה. ולכן אני הכותב הצעיר חיים וויטאל, רציתי לזכות את הרבים **בהעלם נמרץ והמשכילים יבינו**, וקראתי שם החבור הזה על שמי **ספר עץ חיים**, וגם על שם החכמה הזאת העצומה, חכמת הזוהר, הנקרא עץ חיים, ולא עץ הדעת כנזכר לעיל, בעבור כי בחכמה הזאת טועמיה חיים זכו, ויזכו לארצות החיים הנצחיים, **ומעץ החיים הזה ממנו תאכל, ואכל וחי לעולם**. ואשכילך ואורך דרך זו תלך דע מן היום אשר מורי זלה"ה החל לגלות זאת החכמה, **לא זזה ידי מתוך ידו אפילו רגע אחד**, וכל אשר תמצא כתוב באיזה קונטריסים על שמו ז"ל, ויהיה מנגד מה שכתבתי בספר הזה, **טעות גמור הוא, כי לא הבינו דבריו, ואם יש בהם איזה תוספות שאינו חולק עם ספרינו זה, אל תשית לבך בקבע אליו, כי שום אחד מהשומעים את דברי קדשו, לא ירדו לעומק דבריו וכוונתו, ולא הבינום**, בלי שום ספק. ואם יעלה בדעתך לחשוב שתוכל לברור הטוב ולהניח הרע, אל בינתך אל תשען, כי אין הדברים האלו מסורים אל לב האדם כפי שכל אנושי, והסברא בהם סכנה עצומה, ויחשב בכלל קוצץ בנטיעות חס ושלום, לכן הזהרתיך ואל תסתכל בשום קונטרסים הנכתבים בשם מורי זלה"ה, זולתי במה שכתבנו לך בספר הזה, **ודי לך בהתראה זאת**, אלו הם דברי קודשו. ועלינו ללמוד אך ורק בתורת מורינו חיים.

אני קראתיך כי תענני אל הט לי שמע אמרתי. עוד כתב הרב ז"ל בהקדמתו תנאים כדי לזכות לחכמה הקדושה הזאת, וז"ל - אני הכותב משביע בשמו הגדול יתברך, לכל מי שיפלו הקונרטסים אלו לידו, שיקרא הקדמה זאת, ואם אותה נפשו לבוא בחדרת החכמה זאת, יקבל עליו לגמור ולקיים כל מה שאכתוב עליו ויעיד עליו יוצר בראשית, שלא יבוא אליו היזק בגופו ונפשו, ובכל אשר לו, ולא לאחרים. תחת רודפו טוב והבא לטהר ולקרב. **ראשית הכל יראת**

ע"ח ד"ד ע"ב.

הוי"ה, להשיג יראת העונש, כי יראת הרוממות, שהוא יראה הפנימית, לא ישיגוהו רק מתוך גדלות החכמה, ועיקר מגמתו בידיעה הזה יהיה לבער קוצים מן הכרם, כי לכן נקראים העוסקים בחכמה הזאת מחצדי חקלא. **ובודאי שיתעוררו הקליפות נגדו לפתותו ולהחטיאו, לכן יזהר שלא לבוא לידי חטא אפילו שוגג**, שלא יהיה להם שייכות בו, לכן צריך ליזהר מהקלות, כי הקדוש ברוך הוא מדרדק עם הצדיקים כחוט השערה, לכן צריך לפרוש עצמו מבשר ויין כל ימות השבוע, **וצריך הזהרת סור מרע ועשה טוב**, ובקש שלום. בקש שלום צריך להיות רודף שלום, ולא להקפיד בביתו על דבר קטן וגדול, וכל שכן שלא יכעוס ח"ו.

<u>וצריך להתרחק בתכלית הריחוק סור מרע.</u>

א. ליזהר בכל דקדוקי מצות, ואפילו בדברי חכמים, שהם בכלל לא תסור.

ב. לתקן המעוות קודם שיבא לעולם הבא.

ג. יזהר מהכעס, אפילו בשעה שמוכיח את בניו, לא יכעוס כלל ועיקר.

ד. גם צריך ליזהר מהגאוה, ובפרט בענין הלכה, כי גדול כחה והגאוה, בזה עון פלילי.

ה. בכל צער שיבא לו, יפשפש במעשיו וישוב אל הוי"ה.

ו. גם יטבול בעת הצורך לו.

ז. גם יקדש את עצמו בתשמיש המטה שלא יהנה.

ח. שלא יעבור כל לילה ויחשוב בכל לילה מה שעשה ביום, ויתודה.

ט. גם ימעט בעסקיו ואם אין לו פרנסה כי אם על ידי משא ומתן, יכין יום שלישי ויום רביעי, מחצי היום ואילך, ובכוונה שהוא לעבודת קונו.

י. כל דבור שאינו של מצוה והכרחי, יהיה זהיר ממנו, ואפילו דבר מצוה ימנע בשעת התפלה.

<u>ועשה טוב</u>

א. לקום בחצי הלילה, ולעשות הסדר בשק ואפר ובכי גדול, ובכוונה כל אשר יוציא בשפתיו. ואחר כך יעסוק בתורה כל זמן שיוכל להיות בלי שינה, ובלבד שחצי שעה קודם עלות השחר יתעורר לעסוק בתורה.

ב. ילך לבית הכנסת קודם עלות השחר, קודם חיוב טלית ותפילין, להיזהר שיהיה מעשרה ראשונים.

ג. קודם שיכנס, ישים אל לבו מצות עשה ואהבת לרעך כמוך, ואחר כך יכנס.

ד. להשלים רמז צדיק בכל יום. שהוא צ' אמנים, ד' קדושות, י' קדושים, ק' ברכות.

ה. שלא להסיח דעתו מהתפילין בעת התפילה, זולת בעת העמידה ועסק התורה.

ו. צריך שיהיה עוסק בתורה, מעוטף בטלית ותפילין.

ז. לכוין בתפלה הכוונות, כמו שנבאר בע"ה.

ח. שישים תמיד נגד עיניו שם בן ארבעה אותיות הוי"ה, ויזדעזע ממנו, כמו שכתוב - שויתי הוי"ה לנגדי תמיד.

ט. שיכוין בכל הברכות, בפרט בברכת הנהנין.

י. צריך שיהיה עמל בתורה פרד"ס, שנאמר או יחזיק במעוזי, ואל יחשוב שיגלו לו רזי התורה בהיותו ריק, כדכתיב - יהב חכמתא לחכימין, וצריך ליזהר שלא יוציא בשפתיו בחכמה זו, מה שלא שמע מאדם שראוי לסמוך עליו, וכאזהרת רשב"י וחבריו. השגת החכמה תנאי הראשון, צריך למעט דבורו, ולשתוק, כל מה שיוכל כדי שלא להוציא שיחה בטילה, כמאמר רז"ל -

סייג לחכמה שתיקה. גם תנאי אחר, על כל דבר תורה שלא תבינהו, תבכה עליו כל מה שתוכל. גם עלית הנשמה בלילה לעולם העליון, שלא תשוט בהבלי העולם, תלוי שתישן בבכיה. ומרת עצבות מגונה עד מאוד, ובפרט להשיג חכמה, והשגה אין לך דבר מונע השגה יותר מזה. גם בענין השגת האדם, אין לך דבר שמועיל כמו הטהרה והטבילה, שיהיה האדם טהור, בכל עת ומורי זלה"ה עם היות שהיה לו חולי השבר שהקרור מזיק לו, עם כל זה לא היה מונע מלטבול בכל עת, עד כאן דברי קודשו. ועלינו לקיים את בקשת הרב ז"ל את הבחינות של[13] סור מרע ועשה טוב, כדי לטפס בעץ החיים.

מרן הרש"ש מעיד[14] על עצמו, וז"ל - וראיתי מה שכתבו מעלת כבוד תורתם, על ענין עבודת הוי"ה שקצרתי במקום שהיה ראוי להרחיב מעט הדיבור, אמת הוא כי לכתחילה קצרתי בו, **יען ראיתי כמה מהבזק יצא ממה שכתבו בזה המקובלים שקדמו, כי רבים חללים הפילו, וחלול כבוד הוי"ה, וכבוד התורה. הוי"ה יכפר בעדם, כי כל דבריהם לא על פי התורה הם, ואינם מיוסדים על האמת, ומהם יצאו אבות, ומאבות תולדות הריסת יסודי התורה ח"ו,** הוי"ה יכפר. **וכל זה לא שלמדתי בדבריהם ח"ו,** אלא שפעם אחת הוכרחתי בעל כרחי לעיין בדף אחד שכתוב בו קצור מה שכתבו בענין זה, **וכמעט שקרעתי בגדי לראות דברים אשר לא כן על הוי"ה.** הוי"ה יכפר, וכבר מילתי אמורה להם, **כי עידי בשמים כי כל עסקי ולמודי, אינו רק בדברי האר"י זלה"ה, ותלמידו מהרח"ו ז"ל לבדם, ובלעדם אין לי עסק בשום ספר מספרי המקובלים ראשונים ואחרונים, ואפילו בדברי שאר תלמידי האר"י ז"ל לא למדתי, וכשיזדמן לפני דבר מדבריהם, אני מדלגו.** כי על כן איני כמזהיר, אלא כמזכיר, למען הוי"ה אל יהי לכם מגע יד בדבריהם, ובפרט בענין זה, השמרו לכם פן יפתה לכם בלבבכם, **אלא כל לימודם לא יהיה אלא בעץ חיים ובספר מבוא שערים ובשמונה שערים המפורסמים,** שכולם דברי אלהי"ם חיים. ואני קצרתי בענין זה כל מה שאפשר, כי יראתי פן יפלו דפים אלו ביד מי שעדיין לא למד דברי האר"י ז"ל כראוי, **ויחשידני שלמדתי בספרים אחרים, ולא כן הוא כאמור,** ולכן קצרתי בו, ופיזרתי בהקדמה, עד כאן דברי קודשו של מרן הרש"ש. ואנחנו תפילה שיתגלה משיח צדיקנו במהרה בימינו, ומלאה[15] הארץ דעה את הוי"ה כמים לים מכסים, דעת תורת החיים.

13

תהלים ל"ד ט"ו – סור מרע ועשה טוב בקש שלום ורדפהו.

14

נהר שלום דף ל"ד ע"א.

15

ישעיהו י"א ט' – לא ירעו ולא ישחיתו בכל הר קדשי כי מלאה הארץ דעה את הוי"ה כמים לים מכסים.

כתב רבינו גאון הקבלה רבי אליהו מני, רבו של הרי"ח הטוב, רבי יוסף חיים בעל הספר "בן איש חי", בספרו הקדוש **כסא אליהו** כי על הלומד ללמוד כל מאמר ומאמר ארבעה חמשה פעמים בלי המפרשים, וינסה להבין את המאמר בעצמו. ואחר כך ילך לראות אם כיוון לדעת המפרשים.

וכן אני הקטן מבקש בכל לשון של בקשה, ללמוד את הדרוש כמו שהוא מובא בספר עץ חיים, ארבעה חמישה פעמים, כדי לנסות להבין את הדרוש. וכל דרוש מובא בתחילת הספר במלואו.

אחר כך יכנס ללמוד את הדרוש עם ביאור הדברים, עוד ארבעה חמישה פעמים, ואחר כך יראה את המקורות להגהות, ודברי רבותינו הקדושים, עם התרשימים וטבלאות.

ואז יעלה ויצליח בלימוד תורת האר"י הח"י.

כתב רבינו **השד"ה** רבי שאול דוויק הכהן, בהקדמת ספרו איפה שלימה, על אוצרות חיים וז"ל - וכדי שיוכל לעלות לימודו למעלה, ריח ניחוח לה'. קודם כל לימוד ימסור עצמו על קדושת ה', כי זה מועיל מאוד, כמו שכתוב בשער הכוונות דף כ"ד ע"ב, כי עתה בזמנינו בעוונותינו הרבים אין יכולת לעשות זווג כתיקונו למעלה, ולסיבה זו הקץ מתארך וכו'. אמנם עם כל זה יש קצת תיקון במה שנמסור נפשינו על קידוש ה' בכל הלב, כי על ידי כן אפילו אין בנו שום מעשים טובים, והרשענו עד להפליא. הנה על ידי מסירת נפשינו להריגה, מתכפרים עוונותינו כולם, ויש בנו יכולת לעלות עד אימא עילאה, כמו שאמרו חז"ל - גדולה תשובה שמגעת עד כסא הכבוד, שנאמר - שובה ישראל עד ה' וכו', עד כאן דבריו.

וזה הסדר

יקבל עליו ארבע מיתות בית דין, מארבעה אותיות הוי"ה וארבעה אותיות אדנ"י, וליחדם על ידי ארבעה אותיות אהי"ה ועל ידי עסמ"ב

סקילה	י	**א**	וליחדם על ידי **א**	יוֹד הֵ֖י וִיו הֵ֖י
שרפה	ה	**ד**	וליחדם על ידי **ה**	יוֹד הֵ֖י וָאו הֵ֖י
הרג	ו	**ג**	וליחדם על ידי **י**	יוֹד **הֵא וָאו הֵא**
חנק	ה	**י**	וליחדם על ידי **ה**	יוֹד הֵ֖ה וו הֵ֖ה

לְשֵׁם יִחוּד
קֻדְשָׁא בְּרִיךְ הוּא וּשְׁכִינְתֵּהּ

יאהדונהי

בְּדְחִילוּ וּרְחִימוּ   וּרְחִימוּ וּדְחִילוּ

יאההויהה   איההיוהה

לְיַחֲדָא אוֹתִיּוֹת י"ה בּו"ה, בְּיִחוּדָא שְׁלִים

יהו"ה

בְּשֵׁם כָּל יִשְׂרָאֵל, לַאֲקָמָא שְׁכִינְתָּא מֵעַפְרָא, הָרֵינִי לוֹמֵד בַּסֵּפֶר
קַבָּלָה פְּלוֹנִי שֶׁהוּא כְּנֶגֶד תִּפְאֶרֶת דְּז"א בָּעוֹלָם הָאֲצִילוּת שֶׁבּוֹ
שֵׁם מ"ה כְּזֶה יוֹ"ד ה"א וָא"ו ה"א לַעֲשׂוֹת מֶרְכָּבָה. וִיהִי רָצוֹן
מִלְּפָנֶיךָ ה' אֱלֹהֵינוּ וֵאלֹהֵי אֲבוֹתֵינוּ שֶׁתְּזַכֵּךְ רוּחֵנוּ וּנְפָשֵׁינוּ שֶׁיְּהִי
רְאוּיִם לְעוֹרֵר מַיִן תַּתָּאִין עַל יְדֵי קְרִיאַת סֵפֶר הַקַּבָּלָה הַזֹּאת.
וִיהִי נֹעַם יְהֹוָה אֱלֹהֵינוּ עָלֵינוּ וּמַעֲשֵׂה יָדֵינוּ כּוֹנְנָה עָלֵינוּ וּמַעֲשֵׂה
יָדֵינוּ כּוֹנְנֵהוּ.

בָּרוּךְ ה' לְעוֹלָם אָמֵן וְאָמֵן, נָצַח, סֶלָה, וָעֶד.

שער ב' ענף ג'

אחר שנתבאר לעיל היות בכל העולם כולם ב' בחי' א' בחי' הי"ס בצורת גלגלים עגולים ומ' בחי' י"ס
בצורת אדם ישר בקומה זקופה וישרה. נבאר עתה בקצור קצת פרטים ובחי' אחרות שיש בהם. הנה
נתבאר בס"ה פ' בא דף מ"ב ע"ב בר"מ וז"ל אבל לבתר דעביד האי דיוקנא דמרכבה דאדם עילאה
נחית תמן ואתקרי בהאי דיוקנא כו' נקרא אל אלהים ואי איתחבר אומנא אלין מאנין דתקין יהדרון מיא
למקוריה כו' ולבתר עביד מאנא רברבא והוא קרי לגרמיה בה מבין כו'. וכבר האריכנו בזה בענף ב'
ע"ש היטב. הרי מפורש היות י"ס בצורת אדם בעל רמ"ח אברים הנקרא כלים ובתוכם העצמות של
האורות הנקרא נשמת אדם והכל כדמיון אדם התחתון שיש בו גוף ונשמה כך אדם העליון כלול מי"ס
שהם עצמות וכלים. והנה ענין בחי' העצמות הזה הם בחי' אורות פנימיים המאירים תוך הכלים כדמיון
הנשמה אשר תוך הגוף של האדם ומאירה בו כמ"ש נר ה' נשמת אדם וזכור כלל זה כי בכל מקום
שתמצא בחבורינו זה לשון אורות הכוונה על הנשמה הפנימית שבו ולא על הכלים עצמן ואל תשכח ענין
זה כי לא נוכל להזכירו בכל פעם:

ואחר שביארנו ענין ב' בחי' הנ"ל שהם אורות וכלים, נ"ל עוד פרטים אחרים דרך קצרה. והוא כי בחי'
האורות שהם בחי' עצמות הנשמה הפנימית שבתוך הכלים כנ"ל הנה אלו האורות מתחלקים לב' בחי' והם
או"פ ואו"מ. והענין הוא כי הנה האור המחיה והמאירה והמאירה בתוך הי"ס הנקרא כלים הנה יש בו בחי'
המתלבשת תוך הכלים כדמיון נשמה הנכנסת תוך אברי הגוף ומתלבשת תוך מיברי האדם ומחיה אותם
ומאיר בהם בפנימיותם וזה יקרא או"פ. אמנם אור זה ממועט להיותו יכול להתצמצם ולהתלבש תוך
הכלים. ויש בחי' ב' אור גדול ממנו אשר אין כח בכלים לסובלו ולהגבילו תוך פנימיותם ונשאר בבחי'
או"מ עליהם מבחוץ ומאיר להם בהיותו אור מקיף עליהם. וגם ענין זה הוא באדם התחתון כמ"ש
במקומו בע"ה כי אין לך שום אור שבכל העולמות כולם שאין בו ב' בחי' אלו שהם בחי' או"פ קטן
ואו"מ גדול זה בפנימיות הכלי וזה מקיף סביב מבחוץ לכלי. והנה כמו שבתחלה האור יש בו ב' בחי' כן
בחלק הכלים יש בהם ב' בחי' כיולא באלו כי אין לך שום כלי בעולם שאין בו ב' בחי' והם בחי'
פנימיות הכלי אשר שם התלבשות והתדבקות האו"פ בו בעצמו בתוכו ועוד יש בחי' ב' חיצוניות הכלי
אשר עליו מבחוץ סובב ומקיף אור הנ"ל.

והנה כמ"ש שאו"מ גדול מאו"פ כן חילון הכלי יותר מעולה מפנימיות הכלי ואע"פ שבתחום הראות אנו
רואין שפנימיות הכלי הוא יותר זך ומעולה מחלוניות הכלי הענין הוא באופן שנבאר עתה.

דע כי הנה האור כולו שוה וכאשר נכנס ונתלבש תוך הכלי אין הכלי יכול לסובלו כולו אז בחי' אור
שלא יוכל לישאר בפנים נשאר בחוץ בבחי' או"מ עליו ואז ב' אורות אלו מאירים בכלי כי או"פ מאיר
חלי עובי כותל הפנימי ואו"מ מאיר חלי עובי הכותל מצד החיצון ועי"י ב' אורות אלו מאיר ומזדכך
הכותל של הכלי מבית ומחוץ. והנה האו"פ להיותו מלומלם ובדוחק תוך הכלי ומתדבק בו היטב הנה
הוא נכנס ובוקע בתוך כותל בחי' כותל של הכלי מצד פנימיותו ונבלע בו ועובר בתוכו ועי"כ מזדכך הכלי ונעשה
זך אבל אור החילון להיותו רחוק ובלתי דבוק בכלי ובפרט שאינו מלומלם אינו בוקע בכותל הכלי מצד

חיצוניותיו לעבור ולכנס בתוכו ולהאיר בו ולזככו. ולתקן הענין הזה הוצרך להיות חיצוניות הכלי יותר מעולה וזך וגם האור המאיר בו הוא אור המקיף שהוא יותר גדול ומעולה מן מוה"פ ועי"כ יוכל לקבל חיצוניות הכלי הארה גדולה מעפ"י שאינו דבוק בחוזק בחוה"מ ויהיה מקבל כ"כ הארה מן מוה"מ עם היותו רחוק ממנו כהארת מו"פ בפנימיות הכלי בהיותם יחד דבוקים ועי"ז ישתוו פנימיות הכלי שהוא יותר גרוע עם מו"פ הגרוע ויאיר זה בזה היטב מאד להיותם דבוקים מעפ"י שהם גרועים. וכן חיצוניות הכלי שהוא יותר מעולה בהיותו מאיר בו גם מוה"מ המעולה יאיר בו היטב מאד עם היותם רחוקים זה מזה. עוד יש סיבה אחרת גדולה והוא כי הנה מו"מ מבחוץ חשקו ורצונו וחפצו להתדבק ולהתקרב עם האו"פ ולהאיר לו. והנה אם חיצוניות הכלי לא היה זך מאד לא היה יכול מו"מ לעבור ולבקוע וליכנס באו"פ להאיר לו והיה האו"פ בלתי מקבל האורה הזאת הגדולה לכן הוצרך להיות חלי עובי הכותל מצד חילון יותר זך מפנימי ועי"כ יוכל האו"מ עם היותו בלתי מתדבק בו לעבור ולבקוע וליכנס עד חלי עובי של הכותל מצד חוץ. ואו"פ להיותו מצומצם תוך הכלי בכח יכול לעבור חלי עובי של הכותל מצד הפנימי ולהאיר בו חלי עובי הפנימי מעפ"י שאינו זך כ"כ כמו החיצוני ואז מתדבקים יחד או"פ ואו"מ ומאיר או"מ באו"פ. וגם הכלי עצמו מקבל האורה משניהם ומזדכך מאד. אמנם אם אנו רואים בחוש הראות שהפנימי הוא יותר זך כנ"ל הטעם הוא כי או"פ מעפ"י שהוא קטן מאוד מאו"מ עכ"ז להיותו מצומצם ומוגבל בכח תוך הכלי ההוא מאיר האורה גדולה ושלימה בפנימיות הכלי משא"כ באו"מ מעפ"י שהוא גדול מאד כיון שהוא בלתי דבוק בחיצוניות הכלי וגם הוא מצומצם ומוגבל בתוכו לכן אינו מאיר בו בשלימות האורה שלימה ועי"כ יראה שפנימיות הכלי יותר זך מחיצוניות ויתבאר זה לקמן בהארת פה דאח"ק.

[דט"ו ע"ד 30]

ענף ג'

דרוש זה מקורו מספר אדם ישר וצריך לכתוב מ"ב בראש הדרוש.

אזור שנתבאר לעיל היות בכל העולם כולם ובכל העולמות כולם, שתי בחינות, אזור בחינת העשר ספירות שהם בחינת נפש בצורת גלגלים עגולים, ואזור בחינת עשר ספירות שהם בחינת רוח בצורת אדם ישר, בקומה זקופה וישרה.

נבאר עתה בקצור קצת פרטים ובחינות אזורות בעגולים ויושר שיש בהם. הנה נתבאר בספר הזוהר פרשת בא דף מ"ב ע"ב ברעיא מהימנא וז"ל – [16]

---

[16]

זהר פרשת בא דמ"ב ע"ב ר"מ עם תרגום והסבר - **אבל בתר דעבד האי דיוקנא**, אבל אחר שעשה הא"ס את הצורה שהיא דיוק, **דמרכבה דאדם עלאה**, של המרכבה של האדם העליון שהוא א"ק, שיש לו י"ס בצורת אדם, כאשר הגולגולת היא כתר, המוחין הם חב"ד, ידים הם חסד וגבורה, הגוף תפארת, הרגלים נצח והוד, אות ברית קודש הוא יסוד, ועטרת היסוד היא המלכות. **נחית תמן**, ירד בא"ס ויתפשט אור הא"ס בי"ס בכלים שלהם, **ואתקרי בההוא דיוקנא**, ונקרא אור הא"ס באותה הצורה של האדם העליון, כלומר האור נקרא על שם הכלי, **ונקרא הוי"ה, בגין דישתמודעון ליה במדות דיליה**, כדי שיכירו אותו בדמות שלו, כלומר לאור הא"ס אי אפשר לתת שם, גבול, קצבה או מידה, רק כאשר האור מתלבש בכלי, אפשר לקרא לו בשם, על שם הכלי, וכאשר אדם מתפלל הוא מתפלל אל הא"ס אשר מתלבש במידת החסד או הגבורה וכו', ולא שמתפלל אל הספירה הנקראת חסד ח"ו, אלא אל האור המתלבש בה, כמו שאמרו חז"ל)**ספרי דבי רב, ואתחנן**("אליו ולא אל מידותיו", **בכל מדה ומדה** בכל ספירה וספירה, **וקרא את הספירות, אל** חסד, **אלהים** גבורה, **שדי** יסוד, **צבאות** נצח והוד, **אהי"ה** בינה, **בגין דישתמודעון ליה בכל מדה ומדה**, וכל זה כדי שיכירו את מציאותו על ידי כל ספירה וספירה, **איך יתנהג עלמא דחסד ובדינא**, איך מתנהג העולם פעם במידת החסד ופעם בדין, **כפום עובדיהון דבני נשא**, לפי עבודת בני האדם, **דאי לא יתפשט נהוריה**, ואם לא היה מתפשט אור הא"ס דרך הספירות, **על כל בריין** על כל הבריות, **איך ישתמודעון ליה** איך היו מכירים אותו, **ואיך יתקיים** הפסוק בספר)**ישעיה ו' ג'**(**מלא כל הארץ כבודו**....... **ואי יתבר אומנא מאנין דתקין**, ואם ישבור האומן את הכלים שתיקן, כלומר את הספירות שכי שיתפשט בהם אור הא"ס הנקרא כאן המים, **אלין יהדרון מיא למקור**, יחזרו המים אל המקור שממנו הם יצאו, **וישתארו מאנין תבירין יבשין בלא מיא**, וישארו הכלים שבורים ויבשים בלי מים. **הכי עלת העלות**, כך עילת העילות שהוא הא"ס ב"ה, **עביד עשר ספירות**, האציל עשר ספירות, **וקרא לכתר מקור**, וקרא לכתר מקור לכל ההשפעות, שנשפעות על ידי הא"ס דרך הכתר, **וביה לית סוף לנביעו דנהוריה**, ובכתר אין סוף לנביעות ולהשפעות האור של הא"ס **ובג"ד קרא לגרמיה אין סוף**, ולכן קרא לעצמות אור המתפשט בכתר השם אין סוף, **ולית ליה דמות וצורה**, ואין לא שום דמות או צורה, **ותמן לית מאנא למתפס ליה למנדע ביה ידיעא כלל**, ושם אין כלי לתפוס בו הסגה ולדעת בו שום ידיעה כלל, **ובג"ד אמרו ביה**, לכן אמרו בו חז"ל)**גמרא חגיגה די"א ע"א**("**במופלא ממך אל תדרוש ובמכוסה ממך אל תחקור**". **לבתר עבד מאנא זעירא ודא י**', אחר כך עשה הא"ס כלי קטן, והוא סוד האות י' של שם הוי"ה, שהיא קטנה בכמות אך גדולה באכות, **ואתמליא מניה**, וכלי החכמה נתמלא באור הא"ס, **וקרא ליה**, וקרא לו **מעין נובע חכמה**, וקרא לאור הא"ס המתפשט בחכמה מעין נובע חכמה, **וקרא**

אבל **לבתר** **דעבי̇ד** **האי** **דיוקנא̇** **דמרכבה** **דאדם** **עי̇לאה̇,** אבל אחר שעשה הא"ס אותו צורה של המרכבה של האדם העליון, **נזדית** **תמן** **ואתקרי** **בהאי** **דיוקנא̇,** ירד הא"ס והתפשט אורו בספירות כו', **נקרא** **א̇"ל** בספירת החסד, **אלהי̇"ם** בספירת הגבורה, **ואי** **איתבר** **אומנא̇** ואם ישבור האומן, **אלי̇ן** **מאני̇ן** **דתקי̇ן** את הכלים שתיקן, **יהדרון** **מי̇א** **למקורי̇ה,** יחזרו המים למקורם כו'. **ולבתר** **עבי̇ד** **מאנא̇** **רברבא̇** אחר כך הוא עשה כלי גדול, **והוא** **קרי̇** **לגרמי̇ה** **בה** **מבי̇ן** וקרא לעצמות האור המתפשט בה מבין, **כו'.** **וכבר** **הארכנו** **בזה** **בענף** **ב'** שער א'[17], **עי̇י̇ן** **שם** **הי̇טב.**

הרי **מפורש** **הי̇ות** **עשרה** **ספירות** **בצורת** **אדם** **בעל** **רמ"ח** **אברים,** **הנקרא** **כלי̇ם** שהוא הגוף, **ובתוכם** **העצמות** **של** **האורות** **הנקרא** **נשמת** **אדם,** **והכל** **כדמיון** **אדם** **התחזתון**[18] **שי̇ש̇** **בו** **גוף** **ונשמה,** **כך** **אדם** **העלי̇ון** **כלול** **מעש̇ר** **ספי̇רות,** **שהם** **עצמות** שהם אורות וכלים.

והנה **עני̇ן** **בחזי̇נת** **העצמות** שהוא אור הנשמה המחיה את הכלי **הזה̇,** **הם** **בחזי̇נת** **אורות** **פני̇מי̇י̇ם** **המאירים** **תוך** **הכלים,** **כדמי̇ון** **הנשמה** **אשר** **תוך** **הגוף** **של** **האדם,** **ומאירה** **בו,** **כמו** **שכתוב̇**[19] **נר** **הוי̇"ה** **נשמת** **אדם,** **וזכור** **כלל** **זה̇,**[20]

גרמיה בה חכם, וקרא לאור הפנימי שבכלי חכם, **ולהההוא מאנא קרא ליה חכמ"ה,** ולכלי החיצון קרא חכמה. **ולבתר עבד מאנא רברבא,** ואחר כך עשה כלי גדול, לאור הא"ס שיתפשט בו, **וקרא ליה ים,** וקרא לו ים, **וקרא ליה בינה,** וקרא לכלי בינה. **והוא קרא לגרמיה מבין בה,** ואת אור הא"ס המתפשט בכלי הבינה קרא מבין. יוצא מזה כי הא"ס **חכם מעצמו,** ולא כלי החכמה, אלא הא"ס המתפשט בו, **ומבין מעצמו,** ולא כלי הבינה, אלא הא"ס המתפשט בה.
17

ע"ח ש̇"א ענף ב' די̇"א ע̇"ד - ואז המשיך מן אור א"ס קו אחד ישר מן האור העגול שלו, מלמעלה למטה, ומשתלשל ויורד תוך החלל ההוא כזה. וראש העליון של הקו נמשך מן הא"ס עצמו ונוגע בו. אמנם סיום הקו הזה למטה בסופו אינו נוגע באור א"ס, ודרך הקו הזה נמשך ונתפשט אור א"ס למטה. ובמקום החלל ההוא האציל וברא ויצר ועשה כל העולמות כולם, וקו זה כעין צנור דק אחד אשר בו מתפשט ונמשך מימי אור העליון של א"ס אל העולמות, אשר במקום האויר והחלל ההוא.
18

כמו שבאדם התחתון שהוא מורכב מגוף ונשמה, כך בעולמות הרוחניים, כל ספירה וספירה, או פרצוף ופרצוף, ובכל שעור קומה, הוא מורכב מאורות רוחניים, כאשר האורות היותר זכים הם בחינת הנשמה, והאור שהוא פחות זך)הגם שהוא גם כן בתכלית הרוחניות(הוא בחינת הכלי, על דרך משל כדמיון לגוף, שיש בו את הגוף עצמו, ובחינת הרוחניות שבו שזאת הנשמה.
19

משלי כ' כ"ז - נר הוי̇"ה נשמת אדם חופש כל חדרי בטן.
20

כלל – בכל מקום שהרב ז"ל מזכיר אורות או עצמות, הכוונה על האור שבתוך הכלים, שהוא היותר זך. לאפוקי מהכלים שגם הם אורות זכים, אבל ביחס באורות הפנימים הם בעלי פחות זכות. יוצא כי לאור

כִּי בְּכָל מָקוֹם שֶׁתִּמְצָא בְּחִבּוּרֵינוּ זֶה לְשׁוֹן אוֹרוֹת, הַכַּוָּנָה עַל הַנְּשָׁמָה הַפְּנִימִית שֶׁבּוֹ, וְלֹא עַל הַכֵּלִים עַצְמָן, וְאַל תִּשְׁכַּח עִנְיָן זֶה, כִּי לֹא נוּכַל לְהַזְכִּירוֹ בְּכָל פַּעַם.

וְאַחַר שֶׁבֵּיאַרְנוּ עִנְיָן שְׁתֵּי בְּחִינוּת של עצמות וכלים **הַנִּזְכָּר לְעֵיל**, וכמובן יש אותם גם בעגולים וגם ביושר, **שֶׁהֵם אוֹרוֹת וְכֵלִים, צָרִיךְ לְבָאֵר עוֹד פְּרָטִים**

[הגהה][21] **מוֹהַרְחָ"ו** ז"ל[22] ל"ע לאור מקיף דיושר (נ"א ואור [דט"ז ע"א 30] יושר) מה ענינו, ומה שורשו[23], מַס מן הזכר, מַס מן הנקבה הכללית, וכן הפרטית[24] (נ"א הכוללים וכן

המגביל את יתפשטות שפע אור הא"ס הרב ז"ל קורא כלים, והאור המתפשט ומחיה את העולמות הוא קורא עצמות או אור.

21

בסבר הגהת מוהרח"ו ז"ל — ספק בעניני מקיפי דיחידה
הרב חיים ויטאל ז"ל מסתפק אם מקיף דיושר הוא מבחינת הזכר או בחינת הנקבה, הרב ז"ל מחלק את הנרנח"י דיושר לפנימי ומקיף, כאשר הפנימי הוא נפש, רוח ונשמה, והמקיף הוא חיה ויחידה. כאשר אור החיה הוא אור שנכנס לכלי ויוצא ממנו, ומקיף וחופף לכי היושר. אור מקיף היחידה לעולם לא נכנס לתוך הכלי ומקיף על כי דיושר מרחוק על יד העגולים של אותו פרצוף או ספירה. צריך גם לדעת כי תמיד הרב ז"ל קורא לעגולים בחינת נפש, שהיא נקבה, בסוד נקבה תסובב גבר. ובגלל שהאור המקיף דיחידה דיושר, הוא מקיף על היושר, אבל הוא מקיף מרחוק וקרוב לעגולים, יש צד להגיד כי יש לו תכונות דעגולים שהם בחינת נקבה. או בגלל שהוא בה מבחינת היושר יש צד להגיד כי הוא זכר.
כדי להבין סוגיה זאת יש לדעת כי יש עסמ"ב כוללים, ויש עסמ"ב פרטים שנקראים עסמ"ב דעסמ"ב. כאשר ע"ב ס"ג מ"ה הם בחינות הזכר, וב"ן הוא בחינת הנקבא. לפי ההגה הזאת אין ספק שלכל עסמ"ב דעסמ"ב יש אור פנימי, שהוא כל 16 בחינות של עסמ"ב דעסמ"ב, הספק הוא על האור המקיף.
תרשים ג – א.
הספק הראשון הוא אם מן הזכר או מן הנקבה, כלומר האור המקיף הוא מן עסמ"ב דעס"מ, שהם 12 בחינות.
תרשים ג – ב.
או רק עסמ"ב דב"ן, שהם 4 בחינות, יש אור מקיף.
תרשים ג – ג.
או כל העסמ"ב דעסמ"ב, שהם כל 16 בחינות, יש אור מקיף.
תרשים ג – ד.
בספק השני הוא אם מהנקבה הכללית שהיא עסמ"ב דב"ן עם הפרטית שהם ב"ן דעס"מ, כלומר יצאו מקיפים מכל בחינות של עסמ"ב דעס"מ, ובחינות של עס"מ דב"ן, שהם ביחד 15 בחינות.
תרשים ג – ה.
ספק שלישי אם כל עסמ"ב דב"ן שהם הנקבה הכללית, ובחינות ב"ן דסמ"ב שהם הנוקבות הפרטיות של עס"מ, והם ביחד 7 בחינות.
תרשים ג – ו.
יש עוד ספק אם מדובר על מקיף דיושר שנקרא חיה, שנקרא מקיף חוזר, כי אור החיה נכנס בתוך הכלי ויוצא ממנו, וחופף על הכלי. וכל אור חוזר הוא בחינת נוקבא. או מדובר על אור היחידה, שמקיף את הכלים ברחוק מקום, ונמצא ליד העגולים של אותו פרצוף או אותה ספירה.
ויש ליסתפק אם מקיף החיה הוא נוקבא כי הוא נעשה מאור חוזר, או שהוא בחינת זכר. בש"ו פ"ה הרב ז"ל כותב במפורש כי המקיף הוא בחינת זכר. מצד שני בהרבה מקומות הרב ז"ל כותב כי אור חוזר הוא נוקבא, כמו בשל"ז פ"ה, ועוד.

ויש ליסתפק אם מקיף היחידה הוא נוק', הרי הוא נמצא ליד העגולים, או הוא בחינת זכר.

יש ליסתפק אם האור הפנימי הוא בחינת זכר או נקבה, כי אם בחינת האור המקיף הוא נקבה, אז הפנימי יהיה זכר. והם האור המקיף זכר, הפנימי יהיה נקבה.

הרב ז"ל משאיר את הסוגיה בצריך עיון.

ע"ח ש"ו פ"ו מ"ק דכ"ז ע"ד - בכל בחי' ובחי' יש ד' מציאות, שהם א' כלים, ב' נ"ר"ן פנימים, ג' חיה מקיף, ד' יחידה מקיף אל מקיף. וב' בחי' אלו האחרונים, הא' נקרא חיה, שהוא מקיף א', ונקרא נשמה לנשמה, והוא מן החכמה, בסוד והחכמה תחיה את בעליה, וכן חי"ם גימטריא חכ"ם, והב' שהוא מקיף הב', נקרא יחידה, והוא מן הכתר, לפי שאין נוקבא לאריך כמו שיש לשאר, לכן נקרא יחידה ואין שני, דעליה אתמר כי אחד קראתיו וגו', וז"ס מ"ש רז"ל ה' שמות יש לנשמה, והם נגד ה' פרצופים, נפש מלכות, רוח ת"ת, נשמה בינה, חיה חכמה יחידה כתר. והמלכות יש בה כל הה' בחי' אלו כי היא עצמה נפש, ומאיר בה נפש של הת"ת, והוא רוח אל המלכות, ובינה נפש שלה נשמה למלכות, וחכמה נפש שלו נשמה לנשמה למלכות, ונפש כתר יחידה למלכות. וכן בת"ת יש בו בחי' רוח של מלכות נפש אליו, והוא עצמו רוח, ורוח בינה נשמה אליו, ורוח מאבא חיה אליו, ורוח מכתר והוא יחידה אליו, גם בבינה יש נר"ן מצד עצמה, ונשמה דאבא הוא חיה, ונשמה דא"א היא יחידה אליה. גם באבא יש לו כל ד' בחי' אלו חוץ מיחידה שנוטל מן חיה דא"א, והנה באדם יש לו חיות פנימי שהוא נר"ן, ולא היה מספיק זה האור להאיר בחומר הגופני שלו, ולכן צריך שיהיה לו ג"כ נשמה לנשמה מקיף מבחוץ, כי בהיות הנשמה שבפנים בחינת אמא, והנשמה לנשמה (נ"א והמקיף עצמה) מקיף אותה מבחוץ, בחי' אבא, ששניהם הם בחי' או"א דלא מתפרשין לעלמין.

ע"ח ח"ב של"ז פ"ה מ"ת ד"ס ע"ב - ואז כאשר רצה המאציל שיבנה שם פרצוף לאה חזר האור ההוא מתתא לעילא מן האציל עד ראש הפרק העליון במקום חבורו בכתף ומשם יוצא האור לחוץ בגלוי מבחוץ עד התחלת הגרון והארה זו נעשית בחי' החסד שהוא זרוע ימין של לאה בסוד אור חוזר נוקבא.
22

הגהות וביאורים (ג) – פרוש דיש ב' בחינות מקיפים, אחד נקרא מקיף חיה, והשני נקרא מקיף יחידה, יחד לכל ד' בחינות, כנזכר בשער העקודים סוף פרק ה', ובשער אח"פ יע"ש. ומה שורשו אם מן הזכר, אם מן הנקבה, פרוש כמו שכתוב בשער עתיק פ"ד, בעינין ספיקות דעתיק יומין, אם לא באו רק או"פ לבד של שם ב"ן, ונעשה או"מ אל או"פ דצד המ"ה הזכר, או נאמר דהיה או"מ ג"כ כמ"ה וי"ע. ועיין שער אנ"ך פ"ה וריש פ"ז דשם נפשט הספק, דדיש פנימי ומקיף מפנים ואחור דמ"ה, ופנימי ומקיף מפנים ואחור דב"ן יע"ש ובזה מ"ש רבינו כאן. ומה שורשו וכו' אם מן הזכר, אם מן הנקבה, וכן כתב באור זרוע דבזה מתישב דברי רבינו קצת. הכללית וכן הפרטית, פרוש בב"ן דכללות וכן בב"ן דפרטות כנזכר בהגהות מהרח"ו לעיל שער העגולים ענף ד', ובשער טנת"א סוף פ"א. ומה שכתבת ויש מקיף ישר ויש מקיף חוזר ומה ענינו, הוה על בחינת הב' מקיפים אחרים היוצאים בסוד יושר של פרצוף העליון דרך היסוד, וחציו מקיף ויורד עד למטה, וחציו נכנס לתוך הפרצוף שתחתיו, בסוד או"פ ואו"ח דרך השערות כנז"ל. ש"ש.
23

בית לחם יהודה ש"ב פ"ג - מהרח"ו ז"ל צ"ע או"מ דיושר מה ענינו ונזה שרשו. עניינו ושרשו חדא כינהו. והוא כי בש"א ענף ד' גם נסתפק שם באורות העגולים, והכא מסתפק גם באו"מ דיושר, אם הוא מהזכר או מהנקבה. והענין הוא כי זה המקיף דיושר הוא לא נכנס בתוך הכלים, וחזר לצאת בסוד או"ח דרך שערי רישא, כי מעולם לא נכנס תוך כלי כלל, וכמבואר בריש פ"א דשמ"ה יעו"ש. ופשיטא לן דכל בחינת יושר הוא דכורא, וכל בחינת מקיף הוא נוקבא, בסוד נקבה תסובב גבר, כמ"ש בענף ד'. להכי יש להסתפק באו"מ דיושר, דמי אמרינן הואיל והיושר הוא בחינת רוח שהוא זכר, להכי גם או"מ שלו הוא זכר, שהם עס"מ לבד [כי גם הס"ג הוא בכלל הזכרים כמבואר בסוף פ"ב דשער כ"ט שכתב שהם עס"מ זכרים, יעו"ש], או אי אמרינן הואיל והוא בחינת סובב ומקיף, לא נאצל כ"א מבחינת אורות ב"ן שהיא נוקבא.
24

בית לחם יהודה ש"ב פ"ג - הכללית וכן הפרטית. הוא ספק אחר בפ"ע, וקאי גם על מן הזכר הנז' ברישא. והוא כי כל א' מעסמ"ב, הוא כלול מעסמ"ב, שהם ט"ז בחינות. והספק הוא אם המקיף הוא מן הזכר שהם עס"מ הכוללים. וכן מעס"מ שבפרטית ב"ן הכללי, ונמצא שהמקיף הוא ט"ו בחינות, ולצד הספק שהוא

הפרטים), ויש מקיף יושר, ויש מקיף חוזר[25], (נ"א ישר ומקיף חוזר), ומה ענינו[26], וכן ענין אור פנימי מה ענינו[27], וצריך עיון.

המשך הדרוש דמ"ב מספר אדם ישר.

אזורים דרך קצרה. והוא כי בבזיֹנת הָאורות, שהם עצֹמות הנֹשָמה הפֹנימית שֶבֹתוך הכֹלים כנֹזכר לעֹיל, הֹנה אֹלו האורות מתֹזלֹקים לשֹתי בזֹיֹנות, והם אור פֹנימי ואור מֹקיף. והֹעֹנֹין הוא כי הֹנה האור הֹמֹזֹיֹה והֹמֹאירה בֹתוך הֹעֹשֶר סֹפֹירות, הֹנֹקֹרָאֹים כֹלים, הֹנה יֵש בו בֹזֹיֹנה הֹמֹתלֹבֹשֶת תוך הֹכֹלים, כֹדֹמֹיון נֹשֹמה הֹנֹכֹנֹסת תוך אֹברי הֹגֹוף, ומֹתלֹבֹשֶת תוך אֹיברי הֹאדם, ומֹזֹיֹה אותם, ומֹאיר בֹהם בֹפֹנֹימֹיותם, וֹזֹה יֹקֹרָא אור פֹנֹימֹיֹי[28].

אמֹנם אור זה מֹמֹוֹעֹט בֹיחֹס לאור אשר לא מתלבש בתוך הכלים **לֹהֹיֹותו יכול לֹהֹתֹצֹמֹצֹם ולֹהֹתֹלֹבֹֹש תוך הֹכֹלים. ויֵש בֹזֹיֹנה שֹנֹיה אור גֹדול מֹמֹנֹוֹ**[29] מאור הפנימי, **אֹשֶר אֹין כֹח בֹכֹלים לֹסֹובֹלו, ולֹהֹגֹבֹילו תוך פֹנֹימֹיותם, ונֹשֶֹאר בֹבֹזֹיֹנת אור**

---

[25] מנוקבא, יש להסתפק ג"כ אם הוא מעסמ"ב דב"ן הכללית, וכן מב"ן הפרטית שבעס"מ הכוללים, שהם ז' בחינות, ושאר הבחינות נשארו במאציל העליון ולא יצאו כלל.

[26] **בית לחם יהודה ש"ב פ"ג** – ויש מקיף דיושר ויש מקיף חוזר. כלומר ואם תמצא לומר שמקיף דיושר הוא בחינת נוקבא, לפי שהוא סובב ומקיף על י"ס דיושר. יש להסתפק השתא במקיף חוזר, שכל עיקרו הוא מאו"פ דהיושר עצמו שהוא זכר.

[27] **בית לחם יהודה ש"ב פ"ג** – ומה ענינו. של מקיף חוזר זה, אם הוא דכורא והוא או"ח דעס"מ הפנימיים. או אמרינן הואיל והוא בחינת מקיף, אם כן אינו כי אם או"ח דבחינת ב"ן הפנימי. וה"ה שיש להסתפק בו עוד דכללות, וכן דפרטות כנז"ל.

[28] **בית לחם יהודה ש"ב פ"ג** – וכן ענין או"פ מה ענינו. כלומר מה שרשו, אם הוא מן הזכר או מן הנקבה, כדרך שנסתפק בתתלת לשונו. וספק זה דאור הפנימי נולד לו מכח הספק של מקיף דאו"ח, דאי המקיף דאור חוזר הוא בחינת דכורא, א"כ יהיה הפנימי בחי' נוקבא, כמבואר בסוף פ"ה דשער העקודים, שכתב שאור חוזר הוא אבא, והפנימי הוא אימא, יעו"ש. ואם המקיף הוא נוקבא יהיה הפנימי דכורא, וכן יש להסתפק עוד דכללות או גם דפרטות.

[29] האור המתלבש בתוך הכלי, והוא פחות זך מהאור המקיף, נקרא אור פנימי, כשמו הוא, בפנימיות הכלי. אור זה הוא בחינת נר"נ.

בית לחם יהודה ש"ב פ"ג - ויש בחינה ב' אור גדול ממנו. הכוונה על בחינת או"ח הנקרא מקיף חיה, ולא על בחינת העשר מקיפין דיושר הנקראים יחידה. והטעם לפי שכתב בסמוך, שזה האור הוא מאיר בחצי עובי הכלי מצד החיצון וכו', ובסוף פ"ה דשער העקודים כתב שהוא אבא הנקרא חיה, יעו"ש, וכמ"ש בהגהות השמ"ש ז"ל בפרקין, ויש טעות בציון הגהת השמ"ש, וצ"ל עיין בסוף פ"ה משער העקודים במ"ק.

מַקִּיף[30] עֲלֵיהֶם מִבַּחוּץ, וּמֵאִיר לָהֶם בִּהְיוֹתוֹ אוֹר מַקִּיף עֲלֵיהֶם. וְגַם עִנְיָן זֶה הוּא בָּאָדָם הַתַּחְתּוֹן, כְּמוֹ[31] שֶׁנִּתְבָּאֵר בִּמְקוֹמוֹ בְּעֶזְרַת הַשֵּׁם, כִּי אֵין לְךָ שׁוּם אוֹר שֶׁבְּכָל הָעוֹלָמוֹת כּוּלָם, שֶׁאֵין בּוֹ שְׁתֵּי בְּחִינוֹת אֵלוֹ, שֶׁהֵם בְּחִינַת אוֹר פְּנִימִי שֶׁהוּא נר"ן, בְּעֵרֶךְ הָאוֹר הַמַּקִּיף קָטָן, שֶׁהוּא נר"ן, בְּעֵרֶךְ הָאוֹר הַמַּקִּיף, וְאוֹר מַקִּיף שֶׁהוּא חיה ויחידה גָּדוֹל בְּעֵרֶךְ הָאוֹר הַפְּנִימִי, זֶה הָאוֹר הַפְּנִימִי בִּפְנִימִיּוּת הַכְּלִי, וְזֶה הָאוֹר הַמַּקִּיף מַקִּיף סָבִיב מִבַּחוּץ לַכְּלִי. וְהִנֵּה כְּמוֹ שֶׁבְּחֵלֶק הָאוֹר יֵשׁ בּוֹ שְׁתֵּי בְּחִינוֹת שֶׁהֵם אוֹר פְּנִימִי וְאוֹר מַקִּיף.

כֵּן בְּחֵלֶק הַכֵּלִים יֵשׁ בָּהֶם שְׁתֵּי בְּחִינוֹת, כַּיּוֹצֵא בָּאֵלּוּ כָּאן הָרַב ז"ל לֹא מַזְכִּיר אֶת בְּחִינַת הַכְּלִי הָאֶמְצָעִי, כִּי אֵין לְךָ שׁוּם כְּלִי בָּעוֹלָם שֶׁאֵין בּוֹ שְׁתֵּי בְּחִינוֹת, וְהֵם בְּחִינַת פְּנִימִיּוּת הַכְּלִי, אֲשֶׁר שָׁם הִתְלַבְּשׁוּת וְהִתְדַּבְּקוּת הָאוֹר פְּנִימִי, בּוֹ בַּכְּלִי בְּעַצְמוֹ בְּתוֹכוֹ, וְעוֹד יֵשׁ בְּחִינָה שְׁנִיָּה, חִיצוֹנִיּוּת הַכְּלִי אֲשֶׁר עָלָיו מִבַּחוּץ, סוֹבֵב וּמַקִּיף אוֹר הַנִּזְכַּר לְעֵיל[32].

[הגהה] מוֹהֲרֵחַ"וּ ז"ל, עִנְיַן חִיצוֹנִיּוּת וּפְנִימִיּוּת[33], (בכ"מ הוּא כִּינּוּי בַּסְּפִירוֹת) כָּתוּב בְּפֵירוּשׁ[34] כִּי חִיצוֹנִיּוּת לְמָה הוּא נִמְשָׁל בָּעוֹלָם הַזֶּה, הוּא נִמְשָׁל[35] לִבְשַׂר גוּף אָדָם, וַעֲצָמוֹת וְגוּלְגֹּלֶת וְכוּ'. וּפְנִימִיּוּת הוּא בְּחִינַת הַמּוֹחִין הַמִּתְפַּשְׁטִים בְּתוֹךְ כָּל הַגּוּף[36] כַּנּוֹדָע, כִּי גַּם בַּמּוֹחִין

30

הָאוֹר אֲשֶׁר לֹא מִתְלַבֵּשׁ בַּכְּלִי מֵחֲמַת שֶׁהַכְּלִי לֹא יָכוֹל לִסְבּוֹל אוֹתוֹ, וּמֵחֲמַת זְכוּת הָאוֹר בְּיַחַס לָאוֹר שֶׁמִּתְלַבֵּשׁ בְּתוֹךְ הַכְּלִי נִקְרָא אוֹר מַקִּיף. אוֹר זֶה הוּא בְּחִינַת חיה ויחידה.

31

עֵץ חַיִּים שׁ"כ וְגַם שׁ"מ

32

תַּרְשִׁים ג – ז.

33

בֵּית לֶחֶם יְהוּדָה שׁ"ב פ"ג - מהרח"ו ז"ל עִנְיַן חִיצוֹנִיּוּת וּפְנִימִיּוּת. כְּלוֹמַר עִנְיַן חִיצוֹנִיּוּת וּפְנִימִיּוּת שֶׁל הַכְּלִי, דְּאָמְרִינָן דְּאֵין לְךָ שׁוּם כְּלִי בָּעוֹלָם שֶׁאֵין בּוֹ ב' בְּחִינוֹת וְכוּ', וּלְפִי שֶׁמַּהֲרַח"ו ז"ל אִיהוּ גּוּפֵיהּ סִיפּוּקֵי מְסַפְּקָא לֵיהּ, בְּפֵירוּשׁ חִיצוֹן וּפְנִימִי הַכֵּלִים מַה הֵם, כְּדִמוּכָח כְּרֵישׁ פֶּרֶק ח' דְּשַׁעַר הָעֲקוּדִים, וּבְפ"א דְּשַׁעַר כ' בְּהַגָּהוֹת מַהֲרַח"ו ז"ל, וְכֵן בְּפֶרֶק ל' דְּשַׁעַר א' בְּהַגָּהָה, וּבְפֶרֶק ג' דְּשַׁעַר מ', וּבְסוֹף פֶּרֶק ח' דְּשַׁעַר מ', יְעוּ"שׁ, מִשּׁוּ"ה בָּא לְפָרֵשׁ הָכָא, מַה הוּא פֵּירוּשׁ חִיצוֹנִיּוּת וּפְנִימִיּוּת הַכְּלִי, וּמְפָרֵשׁ בּוֹ ב' פֵּירוּשִׁים.

34

בֵּית לֶחֶם יְהוּדָה שׁ"ב פ"ג – כָּתוּב בְּפֵירוּשׁ. הוּא בְּרֵישׁ פֶּרֶק ג' דְּשַׁעַר מ', וּבְסוֹף פֶּרֶק י' דְּשַׁעַר מ'.

35

ע"ח ח"ב שׁ"מ פ"ג ד"פ ע"א - וְהָאוֹרוֹת נַעֲשׂוּ הַמּוֹחִין עַצְמָן שֶׁבְּתוֹךְ הַקְּרוּמוֹת וְהֵם בָּשָׂר זַךְ מְאֹד וְאֵלּוּ הֵן הֲוָיוֹת מַמָּשׁ וְלֹא אֱלֹהִים וְהִנֵּה מוֹחִין אֵלּוּ מִתְלַבְּשִׁין תּוֹךְ נה"י דְּחִיצוֹנִיּוּ' אִמָּא וּבְתוֹכָם מִתְלַבֵּשׁ הַנֶּפֶשׁ שֶׁלּוֹ דְּבָחִי' אוֹר מַמָּשׁ שֶׁל י"ס דְּכֵלִים רִאשׁוֹנִים דְּחִיצוֹנִיּוֹת וְאַחַ"כ בִּינִיקָה נִגְדָּלִים כָּל ג' בְּחִינוֹת, שֶׁהֵם עַצְמוּת שֶׁל ג' חֲלָלֵי גּוּלְגַּלְתָּא עִמָּהּ, שֶׁהֵם הַכֵּלִים.

36

בֵּית לֶחֶם יְהוּדָה שׁ"ב פ"ג - הַמִּתְפַּשְׁטִין בְּכָל הַגּוּף. כַּמְבוֹאָר בְּרֵישׁ פֶּרֶק ג' דְּשַׁעַר כ"ב, וּבְרֵישׁ פ"ו דְּשַׁעַר כ"ה. וְהוּצְרַךְ לָזֶה, כְּדֵי שֶׁלֹּא תִּקְשֶׁה וַהֲלֹא הַמּוֹחִין אֵינָם כִּי אִם בָּרֹאשׁ וְלֹא בַּגּוּף, וְא"כ פְּנִימִיּוּת הַכֵּלִים דְּז"ת מִי הֵם

אפילו שהם נמצאים בחב"ד, ומתפשטים בכל הגוף, עם כל זה **יש** להם **עשר ספירות כנזכר**[37] **במקום אחר, שהם הפנימיות. גם נאמר כי בכלים הראשונים**[38] **שהם מחול** נה"י **וממלע** חג"ת, שניהם **נקרא חיצוניות**[39], **והפנימי** חב"ד **לבד נקרא פנימיות**[40]. **כי כן נאמר**[41] כדי שהכלים התקימו הם מקבלים מוחין שנקראים חו"ב וחו"ג דדעת[42], כאשר בכלי **שבחילון אין בו דעת כלל**[43]. **ובשני דהיינו** כלי

הכלים הם גוף, הפנימיות הם המוחין המתפשטים בגוף, כדמיון הנשמה.
37

ע"ח ח"ב ש"מ פ"ג ד"פ ע"א - והם מתלבשים תוך נה"י פנימיות דאמא, ובתוכם מתלבש נשמת ז"א של אור נשמה, אל י"ס כלים פנימית דז"א.
בית לחם יהודה ש"ב פ"ג - כנזכר במקום אחר. הוא בספר ע"ח דשער כ"ג, ובריש פרק ג' דשער כ"ה, ובריש פרק ט' דשער מ'.
38

בית לחם יהודה ש"ב פ"ג – גם נאמר כי בכלים הראשונים. מביא ראיה אחרת לחזק דבריו הראשון.
39

בית לחם יהודה ש"ב פ"ג - שניהם נקראים חיצוניות. כמו כן כתב ריש פ"ט דשער מ', יעו"ש, ומה שכתב בפ"ח דשער מ' בכלל ה')שחלקתי שם(, וז"ל - וממ"א תראה שאין נקרא אחור רק החיצון מכולם וכו', כבר ישבנו שם בטוב טעם, יעו"ש.
40

גוף האדם נחלק לשלוש חלקים שהם עור, בשר וגידים, שהם נפש, רוח ונשמה, והם בחינות נה"י, חג"ת וחב"ד. יש עוד שתי בחינות שנקראות עצמות ומוח שבעצמות, והם כנגד חיה ויחידה. בדרך כלל הרב ז"ל מדבר על עור שהוא כלי חיצון והוא נקרא אחור דאחור, ונקרא עיבור. בשר שהוא כלי אמצעי והוא נקרא אחור, ונקרא יניקה. וגידים שהוא כלי פנימי והוא נקרא פנימיות, ונקרא גדלות.
תרשים ג – ח.
ע"ח שכ"ג פ"ח דק"ט ע"ד - הכלל העולה, כי בכל פרצוף ופרצוף שיש בכל האצילות מתחלק באופן זה, כי כתר של הפרצוף ההוא הפנימיות הוא משם מ"ה החדש, מבחינת הפרצוף ההוא, והחיצוניות שלו הוא מחיצונית ת"ת של הפרצוף הקודם אליו, והיה זה לקשר כל הפרצופים יחד, תחלתם בסופם, בחיצוניותם ולא בפנימותם, וזה החיצוניות הוא משם ב"ן של המלכים, וכללותן נקרא שם אלקים ג"כ, וזה הכתר יש בו י"ס גמורות, בין בחיצוניות בין בפנימיות, והז"ת דכתר הם מתלבשים תוך הט"ס התחתונים של הפרצוף. ואח"כ הג' ראשונות חב"ד)של הפרצוף ההוא והם נקראים מוחין(של הפרצוף ההוא)והם מוחין(, כי הכתר נקרא מוחין דמוחין, אך אלו הג"ר שהם חב"ד, נקרא מוחין דגופא, כי הם מתלבשים בגופן, כמ"ש והוא כי יש בהם י"ס דשם ב"ן, שהוא נקרא אלקים, ונקרא חיצוניות, והם מבחינה הפרצוף ההוא עצמו וכנגדן י"ס פנימיות בכל א' מאלו הג' חב"ד וניקרא שם מ"ה החדש ואז ג"ר שבכל א' מהג' חב"ד נשארין למעלה והז"ת שבכל א' מהג' הנ"ל, מתלבשים בז"ס תחתונים של הפרצוף ההוא, ואח"כ הז"ת של פרצוף ההוא נקרא גוף הפרצוף ההוא, והכל נקרא חיצוניות בערך המוחין ההם, אמנם נחלקים גם הם בחיצוניות ופנימיות ואינם רק י"ס)צ"ל גמורות(.
41

בית לחם יהודה ש"ב פ"ג – כי כן נאמר. הוא בפ"ב דשער כ"ב, שבכלי חיצון דעיבור אין בז"א דעת כלל, מטעם שאין שפתי היסוד דאימא נושקים זה בזה, יעו"ש.
42

המוחין מתחלקים לארבעה, מוח החכמה, מוח הבינה, ומוח הדעת שהוא מתחלק לחסדים וגבורות, שנקראים חסדים דדעת וגבורות דדעת. כאשר הפרצוף מקבל את המוחין בשלבים. בעיבור הוא למקבל מוחין בכלל, ביניקה הוא מקבל גבורות דדעת, בגדלות הוא מקבל חסדים דדעת, ואחר כך את מוח הבינה והחכמה.
43

בעיבור שהוא כלי החיצון, הוא לא מקבל מוחין כלל, לא חסדים ולא גבורות דדעת, כדמיון התינוק במעי האימא שאין לו מוחין.

ה‫אמצעי[44] יש בו דעת, אלא שהוא דעת חציו[45] שהם חמשה גבורות דדעת. ובפנימי שהוא השלישי יש בו דעת הפנימי שלם[46] כי הוא מקבל חמשה חסדים דדעת. וכן נאמר[47] כי מוחין דעיבור ויניקה, יש להם שמות אלהי"ס, ונמשכים מב' חיצוניות דח"א[48] צ"ל או"א, אך המוחין דגדלות הם מפנימיות דחו"א[49].

המשך הדרוש דמ"ב מספר אדם ישר.

והנה כמו שמבואר צ"ל במ"ש[50] שאור מקיף גדול מאור פנימי[51], כן זיצון הכלי יותר מעולה מפנימיות הכלי[52], ואע"פ שבחוש הראות אנו רואין שפנימיות הכלי הוא יותר זך ומעולה מחיצוניות הכלי[53], הענין הוא באופן שנבאר עתה.

ביניקה שהוא כלי האמצעי, הוא מקבל מוחין מבחינת גבורות דדעת, כדמיון ילד קטן שנמצא בקטנות.
בגדלון שהוא כלי הפנימי, הוא מקבל מוחין מבחינת חסדים דדעת, כדמיון אדם מבוגר שנמצא בגדלות, ואז הוא נשלם.
44

בית לחם יהודה ש"ב פ"ג - ובשני דהיינו אמצעי. שהוא כלי דזמן היניקה.
45

בית לחם יהודה ש"ב פ"ג – אלא שהוא דעת חציו. שהם ה"ג לבד, ואין בו ה"ח, כמבואר בפ"א דשער כ"ב הנז'.
ביניקה שהוא כלי האמצעי, הוא מקבל גבורות דדעת, כדמיון הילד שהוא במצב של קטנות.
46

בגדלות שהוא כלי פנימי, הוא מקבל גם את החסדים דדעת, והוא כדמין ילד גדול שיש בוא דעת.
47

בית לחם יהודה ש"ב פ"ג – וכן נאמר. בפ"ב דשער כ"ב הנז'.
48

בית לחם יהודה ש"ב פ"ג – ונמשכין מבחינה חיצוניות דאו"א. כלומר ומלובשין בב' כלים החיצונים דנה"י דא"וא.
49

השמש [א] – עיין בשער העקודים פ"ב, מהיכן נעשה חצוניות הכלים.
בית לחם יהודה ש"ב פ"ג - הם מפנימיות או"א. כלומר מלובשין בכלי הפנימי דנה"י דאו"א, וכלומר ומדקרי לב' כלים החיצוניים דאו"א בשם חיצוניות, ולכלי הפנימי דאו"א בשם פנימיות, א"כ מבואר מזה שהחיצוניות הם ב' כלים החיצונים, והפנימיות הוא כלי הפנימי.
50

במ"ש – במה שכתבנו.
51

כלל – אור המקיף הוא מעולה מאור הפנימי.
52

כלל – חיצוניות הכלי יותר מעולה מפנימיות הכלי.
53

דַּע כִּי הִנֵּה הָאוֹר בגלל שהוא אחוז בא"ס **כּוּלּוֹ שָׁוֶה**[54] כי כל עוד הוא לא נכנס לכלי, אין לא קצבה, **וכאשר נכנס ונתלבש תוך הכלי, אין הכלי יכול לסובלו כולו, אוֹ בְּזוֹינַת אוֹר שֶׁלֹּא יוּכַל** בעץ חיים דפוס וורשא כתוב להיכנס, וצ"ל **לִישָּׁאֵר**[55] **בְּפָנִים נִשְׁאָר בְּזוֹינְךָ,**[56]

מבשרי אחזה אלו"ה, האברים הפנימים של האדם כמו המוח, הלב והכבד הם יותר זכים מהאברים החיצונים כמו הידים והרגלים, גדים, בשר ועור. איך יתכן שהכלים החיצונים יהיו יותר זכים מהפנימים. בהמשך הדרוש הרב ז"ל יסביר את זה.
54

הגהות ובאורים)א(– פירוש בכמות ולא באיכות כי באיכות יש הפרש בין אור פנימי והין אור מקיף כידוע, ש"ש.

בית לחם יהודה ש"ב פ"ג - דע כי הנה האור כולו שוה. כי טרם הכנס אור א"ס בתוך הכלים, היה הכל שוה, ואין שום הפרש בין א"פ ובין המקיף דחיה ודיחידה דחיה - ויחידה כלל, רק שהכלים עצמם הם גורמים חילוקים הנז', שזה נקרא פנימי, וזה מקיף, וזה ע"ב, וזה ס"ג, וכיוצא בזה, כמ"ש בזהר פינחס דרכ"ה - ואיהו לא אחקרי הויה ובכל שמהן, אלא באתפשטותא נהוריה עלייהו, וכד אסתלק מנייהו, לית ליה שם מגרמיה כלל, וכו'.
55

בדפוס וורשא של ספר עץ חיים כתוב להיכנס, הרש"ש קורא לאור זה חיה, ושולח לעיין בשער העקודים פ"ב, רבי יהודה פתיה תיקן את זה להישאר, ושולח לעיין בשער אח"פ פ"א. כך גם תיקן הרב מורדכי עטיה זצ"ל כאשר הוא הוציא את ספר ע"ח מחדש בישיבת החיים והשלום. ומה נפקא מינא אם להכנס או להשאר?.
אם הגריסה היא - **אור שלא יכול להכנס,** יכול להיות שמדובר על אור היחידה, אשר לא נכנס לכלי בכלל.
אם הגריסה היא – **אור שלא יכול להשאר,** מדובר על אור החיה שנכנס ולא יכל לשאר, ויצא דרך השערות.
הרמ"ז גרס ופירש את הסוגיה על אור היחידה, רבי יהודה פתיה גרס ופירש את הסוגיה על אור החיה. למסקנה נראה יותר שמדובר על אור החיה. כך כתב הרב ז"ל בשער ו' פרק ה' מ"ק, ובהגהת השמש הוא קורא לאור זה חיה.

ע"ח פ"ו פ"ה מ"ק דכ"ז ע"ד - בכל בחינה ובחינה יש ד' מציאות, שהם א' כלים. ב' נר"ן חיה מקיף. ד' יחידה מקיף אל מקיף. וב' בחינות אלו האחרונים נקרא חיה שהוא מקיף א', ונקרא נשמה לנשמה, והוא מן החכמה בסוד והחכמה תחיה את בעליה, וכן חיי"ם גימטריא חכ"ם. והב' שהוא מקיף הב' נקרא יחידה, והוא מן הכתר, לפי שאין נוקבא לאריך כמו שיש לשאר, לכן נקרא יחידה ואין שני, דעליה אתמר - כי אחד קראתיו וגו', וזה סוד מה שאמרו רז"ל ה' שמות יש לנשמה, והם נגד ה' פרצופים נפש מלכות. רוח ת"ת. נשמה בינה. חיה חכמה. יחידה כתר. והמלכות יש בה כל הה' בחינות אלו, כי היא עצמה נפש, ומאיר בה נפש של הת"ת, והוא רוח אל המלכות. ובינה נפש שלה, נשמה למלכות. וחכמה נפש שלו, נשמה לנשמה למלכות. ונפש כתר יחידה למלכות. וכן בת"ת יש בו בחינת רוח של מלכות נפש אליו, והוא עצמו רוח. ובינה נשמה אליו, ורוח מאבא חיה אליו, ורוח מכתר יחידה אליו, גם בבינה יש נר"ן מצד עצמה. ונשמה דאבא הוא חיה, ונשמה דא"א היא יחידה אליה. גם באבא יש לו כל ד' בחינות אלו, חוץ מיחידה שנוטל מן חיה דא"א. והנה באדם יש לו חיות פנימי שהוא נר"ן, ולא היה מספיק זה האור להאיר בחומר הגופני שלו, ולכן צריך שיהיה לו גם כן נשמה לנשמה, מקיף מבחוץ, כי בהיות הנשמה שבפנים בחינת אמא, והנשמה לנשמה)נ"א והמקיף עצמה(מקיף אותה מבחוץ בחינת אבא, ששניהם הם בחינת או"א דלא מתפרשין לעלמין, הנה האור פנימי דאמא, מרוב חשקו להדבק בשל אבא, מכה ויוצא בחזוק ועובר דרך הגוף החומרי, ומאיר בחוץ)נ"א ומשם(ושם נדבק באבא. וכן להיפך אור אבא עובר ונוקב ונכנס מבפנים ושם נדבק באמא, וע"י זה הגוף מתקיים שמאירין בו מכל צדדיו. והנה מקיף זה הוא נשמה לנשמה הנקרא חיה, והנה הוא מקיף לכל הגוף בכללות, אבל הוא מקיף ומאיר בכל חלק כפי מה שהוא, כי בחלק הנשמה מקיף לה זו בבחינת אור נשמה. ולרוח מקיף בבחינת רוח. ולנפש מקיף בבחי' נפש. אבל המקיף הגדול שהוא יחידה שהיא בבחינת)נ"א מבחי'(א"א אינו מקיף בצד חלקים, רק מקיף את הכל בהשוואה אחת, ולכולם נותן אור של בחינת נשמה. ולכן נקרא יחידה, מפני שאין לה אלא בחינה אחת לבד, בהשוואה אחת. והנה נר"ן שהם פנימיות דאדם כנ"ל, הנה הנשמה מאירה בראש האדם במוח, ורוח בלב, ונפש בכבד ובבשר ודם.
56

בבחינת אור מקיף[57] עליו, ואז שתי אורות שהם פנימי ומקיף אלו מאירים בכלי, כי אור פנימי מאיר מצד עובי כותל מצד הפנימי, ואור מקיף מאיר מצד עובי הכותל מצד החיצון, ועל ידי שתי אורות אלו שהם מקיף ופנימי, מאיר וממזדכך הכותל של הכלי מבית ומחוץ.

והנה האור פנימי להיותו מצומצם ובדוחזק תוך הכלי, ומתדבק בו היטב, הנה הוא נכנס ובוקע בעובי כותל של הכלי מצד פנימיותו של הכלי, ונבלע בו בתוך חצי הכלי מצד הפנימי של הכלי, ועובר בתוכו, ועל ידי כך מזדכך הכלי ונעשה זך, אבל[58] אור החיצון שהוא האור המקיף להיותו רחוק ובלתי דבוק בכלי כי הכלי לא מגבילו, ובפרט שאינו מצומצם כמו האור הפנימי המצומצם בתוך הכלי, אינו בוקע בכותל הכלי מצד חיצוניותיו, לעבור ולכנס בתוכו ולהאיר בו ולזככו מצד חיצוניות הכלי.

ולתקן[59] העניין הזה הוצרך להיות חיצוניות הכלי, יותר מעולה וזך מפנימיות הכלי, וגם האור המאיר בו הוא אור המקיף, שהוא יותר גדול ומעולה מן אור פנימי, ועל ידי כך יוכל לקבל לחיצוניות הכלי הארה גדולה מהאור המקיף, אף על פי שאינו דבוק בחיזוק באור המקיף, ויהיה מקבל כל כך הארה מן אור מקיף, עם היותו רחוק ממנו כהארת אור פנימי בפנימיות הכלי, בהיותם יזזד דבוקים, ועל ידי זה ישתוו פנימיות הכלי, שהוא יותר גרוע ביחס לחיצוניות הכלי, עם אור פנימי הגרוע[60] ביחס לאור המקיף, ויאיר זה בזה היטב מאד, להיותם דבוקים אף על פי שהם גרועים.

בית לחם יהודה ש״ב פ״ג – ואז בחינת אור שלא יכול להיכנס בפנים נשאר בחוץ. אין לשונו מדוקדק, כי מאחר שכתב תחלה **וכאשר נכנס ונתלבש תוך הכלי וכו׳**, מהראוי לומר **אז בחינת האור שלא היה יכול לשאר בפנים יצא לחוץ וכו׳**, וכיוצא בזה כתב בפרק א' דשער אח״ף, וז״ל – אך נשמה לנשמה( )שהיא חיה(אין יכולת בגוף האדם לסובלה ונשארת בחוץ וכו', יעו״ש. אלא כולה יצאה לחוץ, מדרך שערי רישא שהוא בחינת חיה.
57

השמש]בן – היא בחינת חיה, ועיין בסוף פ״ב משער העקודים מ״ב.)כאן יש טעות סופר, צ״ל עיין בסוף פ״ה משער העקודים מ״ק(
58

כאן הרב ז״ל מביא מצב תאורתי שאם הכלי החיצון היה גרוע מהכלי הפנימי.
59

כאן הרב ז״ל מביא את המצב האמיתי שהכלי החיצון מעולה מהכלי הפנימי.
60

וְכֵן חִיצוֹנִיוּת הַכְּלִי, שֶׁהוּא יוֹתֵר מְעוּלֶה ביחס לפנימיות הכלי, בִּהְיוֹתוֹ מֵאִיר בּוֹ גַּם אוֹר הַמַּקִּיף הַמְעוּלֶה ביחס לאור הפנימי, יָאִיר בּוֹ הֵיטֵב מְאֹד, עִם הֱיוֹתָם רְזוּזִקִים זֶה מִזֶּה.[61] עוֹד יֵשׁ סִבָּה אַחֶרֶת גְּדוֹלָה, וְהוּא כִּי הִנֵּה אוֹר מַקִּיף שהוא בחינת חיה - אבא בִּמְבוֹזוֹז, זֶשַׁקּוֹ וּרְצוֹנוֹ וְזֶחָפְצוֹ לְהִתְדַּבֵּק וּלְהִתְקָרֵב עִם הָאוֹר פְּנִימִי שהוא בחינת נשמה – אימא וּלְהָאִיר לוֹ.[62] וְהִנֵּה אִם חִיצוֹנִיוּת הַכְּלִי לֹא הָיָה זַךְ מְאֹד ביחס לפנימיות הכלי, לֹא הָיָה יָכוֹל אוֹר מַקִּיף שהוא בחינת אבא לַעֲבוֹר וּלְבְקוֹעַ וְלִיכָּנֵס בָּאוֹר פְּנִימִי שהוא אימא בחינת לְהָאִיר לוֹ, וְהָיָה הָאוֹר פְּנִימִי בִּלְתִּי מְקַבֵּל הֶאָרָה הַזֹּאת הַגְּדוֹלָה, לָכֵן הוּצְרַךְ לִהְיוֹת זֶחֲצִי עוֹבִי הַכּוֹתֶל של הכלי מִצַּד חִיצוֹן יוֹתֵר זַךְ מחצי עובי הכותל מצד מִפְּנִימִי צ״ל הפנימי, וְעַל יְדֵי כָךְ יוּכַל הָאוֹר מַקִּיף עִם הֱיוֹתוֹ בִּלְתִּי מִתְדַּבֵּק ודחוס בו בכלי החיצון, לַעֲבוֹר וּלְבְקוֹעַ את חצי עובי הכלי החיצון וְלִיכָּנֵס עַד זֶחֲצִי עוֹבִי שֶׁל הַכּוֹתֶל מִצַּד זַךְ.

וְאוֹר פְּנִימִי לִהְיוֹתוֹ מִצוּמְצָם תּוֹךְ פנימיות הַכְּלִי בְּכֹזֹה, יָכוֹל לַעֲבוֹר זֶחֲצִי עוֹבִי שֶׁל הַכּוֹתֶל דכלי מִצַּד הַפְּנִימִי, וּלְהָאִיר בּוֹ זֶחֲצִי עוֹבִי הַפְּנִימִי, אַף עַל פִּי שֶׁאֵינוֹ זַךְ כָּל כָּךְ כְּמוֹ הַחִיצוֹנִי. וְאָז מִתְדַּבְּקִים יָזֹד אוֹר פְּנִימִי שהוא בחינת אימא וְאוֹר מַקִּיף שהוא בחינת אבא וּמֵאִיר אוֹר מַקִּיף אבא בָּאוֹר פְּנִימִי באימא. וְגַם הַכְּלִי עַצְמוֹ מְקַבֵּל הֶאָרָה מִשְּׁנֵיהֶם וּמִזְדַּכֵּךְ מְאֹד וזו היא מטרת הברואים לזכך את הכלים, ולעלותם בחזרה לשורשם הרוחני.

בֵּית לֶחֶם יְהוּדָה שׁ״ב פ״ג – וע״ז ישתוו פנימיות הכלי שהוא יותר גרוע עם או״פ הגרוע. קשה, כי בודאי עיקר השווי הוא היינו שצריך שיהיה פנימיות הכלי, שוה עם חיצוניות הכלי, כמ״ש בתחילת לשונו, ולתקן ענין זה וכו', אבל להיות פנימיות הכלי הגרוע שוה עם או״פ הגרוע וכו', מאן דכר שמיה לזה השווי, ונלע״ד כי מ״ש אח״כ וכן חיצוניות הכלי וכו', הוא הצד של בחינת השווי, ומאי דקאמר וכן חיצוניות הכלי וכו', כאלו אמר עם חיצוניות הכלי וכו', ומן וע״ז ישתוו וכו', עד רחוקים ז״מז, הכל הוא המשך א'.
[61]

תרשים ג – ט.
[62]

עֵץ חַיִּים שׁ״ו פ״ה מ״ק דכ״ח ע״א - והנה באדם יש לו חיות פנימי שהוא נר״ן, ולא היה מספיק זה האור להאיר בחומר הגופני שלו, ולכן צריך שיהיה לו ג״כ נשמה לנשמה מקיף מבחוץ, כי בהיות הנשמה שבפנים בחינת אמא, והנשמה לנשמה)נ״א(והמקיף עצמה) מקיף אותה מבחוץ בחי' אבא, ששניהם הם בחי' או״א דלא מתפרשין לעלמין, הנה האו״פ דאמא מרוב חשקו להדבק בשל אבא מכה ויוצא בחוזק, ועובר דרך הגוף החומרי ומאיר בחוץ,)נ״א ומשם(ושם נדבק באבא. וכן להיפך אור אבא עובר ונוקב ונכנס מבפנים, ושם נדבק באמא, וע״י זה הגוף מתקיים, שמאירין בו מכל צדדיו. והנה מקיף זה הוא נשמה לנשמה הנקרא חיה, והנה הוא מקיף לכל הגוף בכללות, אבל הוא מקיף ומאיר בכל חלק כפי מה שהוא, כי בחלק הנשמה מקיף לה בבחי' אור נשמה, ולרוח מקיף בבחי' רוח, ולנפש מקיף בבחי' נפש.

אמנם אם אנו רואים בזווש הראות[63] שֶׁהַפְּנִימִי הוּא יוֹתֵר זָךְ ביחס לכלי החיצון[64] כנזכר לעיל, הַטַּעַם הוּא כִּי אוֹר פְּנִימִי אַף עַל פִּי שֶׁהוּא קָטָן מְאוֹד מֵאוֹר מַקִּיף, עִם כָּל זֶה לִהְיוֹתוֹ מְצֻמְצָם וּמוּגְבָּל ודחוס בְּכֹח תּוֹךְ הַכֵּלִי הַהוּא, מֵאִיר הָאָרָה גְּדוֹלָה וּשְׁלֵימָה בִּפְנִימִיּוּת הַכֵּלִי ומזכך את הכלי מבפנים, מַה שֶּׁאֵין כֵּן בָּאוֹר מַקִּיף, אַף עַל פִּי שֶׁהוּא גָּדוֹל ביחס לאור הפנימי, שהפנימי הוא אימא והמקיף הוא אבא מְאֹד, כֵּיוָן שֶׁהוּא בִּלְתִּי דָבוּק בְּחִיצוֹנִיּוּת הַכֵּלִי, וְגַם הוּא אֵינוֹ מְצֻמְצָם וּמוּגְבָּל בְּתוֹכוֹ בְּכֹח, לָכֵן אֵינֶנּוּ מֵאִיר בּוֹ בכלי החיצון בִּשְׁלֵימוּת הָאָרָה שְׁלֵימָה, וְעַל יְדֵי כָךְ יֵרָאֶה שֶׁפְּנִימִיּוּת הַכֵּלִי יוֹתֵר זָךְ מֵחִיצוֹנִיּוּת, וְיִתְבָּאֵר זֶה לְקַמָּן בְּהָאָרַת פֶּה[65] דא"ק.

63

מבשרי אחזה אלו"ה, כי אברי הגוף הפנימים שהם מוח, לב, והכבד הם יותר זכים מאברי הגוף החיצונים שהם הבשר והעור.

64

ע"ח ש"כ פ"ה מ"ק דצ"ז ע"ד - אמנם נבאר ענין ז"א ומשם תקיש אל השאר, הנה ג' כלים יש בז"א חיצון, ואמצעי, ופנימי, ואין לך אבר ואבר שאין בו ג' בחינות אלו, עובי החיצון מצד אחור, ועובי הפנימי מצד הפנים, ומה שביניהן בסוד אמצעי, אכן ג' שרשי כלים אלו החיצון שבכולם נמשך חיותו מן הכבד, ע"י ווֹרידי הכבד שבהם, שולח המזון שהוא הדם אל אותו החיצון, והכלי אמצעי נמשך חיותו מן הלב, ע"י עורקים הדופקים הנמשכין מן הלב שבהם, שולח)המזון(החיות הרוחני כעין רוח דק וזך והוא בחינת דם חומרי ג"כ, אלא שחזר ונזדכך בלב כנודע, כי הכבד שולח דם הממשי אל כל אבר ואבר, והיותר מובחר שולח אל הלב, ואז הלב חוזר ומזככו)פעם ב'(ונעשה בו בחי')דם(רוחניות זך, ומשלחו אל כלי האמצעי אשר בכל אבר ואבר, ואח"כ הלב שולח)דם(רוחניות היותר זך אל המוח, ושם חוזר ומזדכך פעם ג', ואז שולחו המוח אל הכלי הפנימי של האבר דרך גידין הנמשכין מן המוח כנודע, ואותו הרוחניות הזך נקרא כח ההרגשה. אמנם הצד השוה שבשלשתן, שכולם הם מיני דם אלא שזה מזוכך מזה, וזה מזוכך מזה. והנה בתוך ג' שרשים אלו שהם מוח לב כבד, אשר הם ג' שרשים של ג' בחינות הכלים של כל אבר ואבר כנ"ל, הנה בתוכם הוא נר"ן, ואם כן נמצא כי הנפש שורה בכבד, ובאמצעיתו משלח הארותיה אל הכלים החיצונים, ע"י וורידי הדם כנזכר, ואם כן נמצא כי אורות הנפש יאירו בכלי החיצון, ורוח שורה בלב, ובאמצעיתו שולח פארות הארותיו אל הכלים האמצעים, ע"י העורקים הדופקים כנ"ל, והמוח שורה בו הנשמה, ובאמצעיתו שולח הנשמה פארות הארותיו אל הכלים הפנימים, ע"י הגידין כנ"ל.
תרשים ג – י.

65

ע"ח כל שער העקודים.

-א

א - אחד
א - אחר
אא - אבי אדוני
אא - אברהם אבינו
אא - אומרים אמן
אא - אי אפשר
אא - אי אתה
אא - אריך אנפין
אא - אשת איש
אאביע - א"ק אצילות בריאה יצירה עשיה
אאכ - אלא אם כן
אאלט - אם אני לא טועה
אאס - אור אין סוף
אאעה - אברהם אבינו עליו השלום
אאעה - אברהם אבינו עליו השלום
אב - איכא ביניהו)יש ביניהם(ארמית
אב - אמרי בינה)ספר(
אבא - אחור באחור
אבא - אי בעית אימא
אבד - אב בית דין
אבי - אצילות בריאה יצירה
אביע - אצילות בריאה יצירה עשיה
אבפ - אחור בפנים
אגלא - אתה גיבור לעולם אדני)שם קודש(
אגמד - אחר גמר דין
אגמהס - אחר גמר הסעודה
אד - איכא דאמרי)יש אומרים(ארמית
אדהר - אדם הראשון
אדמור - אדוננו מורנו ורבינו
אדק - אדם קדמון
אדר - אידרא רבא
אדרז - אדרא זוטא
אה - אמר המגיה
אהב - אבי הבן
אהב - אמר הבונה
אהב - אמר הבן
אהויר - אהבה ויראה
אהנ - אין הכי נמי)הן כך הוא(ארמית
אהנ - אליהו הנביא
או - אלא ודאי
אוא - אבא ואמא
אוא - אחד ואחד
אוא - אלהינ"ו ואלה"י אבותינו
אוד - או דילמא)או אולי(ארמית
אוה - אומות העולם
אוה - איסור והתר
אוהח - אור החמה
אוההחהק - אור החיים הקדוש)רבי חיים בן עטר(
אוהל - אור הלבנה
אוהמ - אור המקיף
אוהע - אומות העולם
אוז - אור זרוע)ספר(
אוח - אור חוזר
אוחז - אור חוזר

אוחז - אור חוזר
אוי - אור ישר
אויור - אור יושר
אום - אור מקיף
און - אהובי וידיד נפשי
און - אוכל נבלות
און - אוכל נפש
און - אריך ונוקבא
אופ - אור פנימי
אופא - אופן אחר
אוצח - אוצרות חיים
אורהפ - אור הפנימי
אז - אדרא זוטא
אז - אור זרוע)ספר(
אז - אחרי זה
אח - אור חוזר
אח - אורח חיים
אח - אזן חוטם
אח - אלהי"ם חיים
אחבא - אחור באחור
אחבי - אחינו בני ישראל
אחז - אחר זה
אחז - אחר זמן
אחזר - אחר זה ראיתי
אחך - אחר כך
אחכ - אחר כך
אחל - אחר חצות לילה
אחף - אזן חוטם פה
אחפ - אזן חוטם פה
אי - אור יקר
אי - אינו יהודי
אי - ארץ ישראל
איה - אברהם יצחק הכהן)הרב קוק זצ"ל(
איה - אם יעזור השם
איה - אם ירצה השם
איה - אמר יהודה הלוי
איהשר - אמן יהיה שמא רבא
איש - אדוני יתברך שמו
אישר - אמן יהיה שמא רבא
אכ - אם כן
אכיר - אמן כן יהי רצון
אכמ - אין כאן מקומו
אכמל - אין כאן מקום להאריך
אל - אמר לו
אל - אמר ליה)אמר לו(ארמית
אלה - אי לאו הכי)אם לא כן(ארמית
אלי - אמת ליעקב)רבי יעקב שאלתיאל(
אלכ - אם לא כן
אלתה - אי לא תימא הכי
אם - אבינו מלכנו
אם - אספקלריא מאירה
אמה - אמר המגיה
אמה - אמר המגיה
אמז - אמר משה זכותא)רבי משה זכות(
אמל - אמר לו
אמל - אמר ליה
אמל - אמת ליעקב)ספר(
אמלי - אין מה להאריך יותר

אמן עדן - אבי מורי נשמתו עדן

אמרזל - אמרו רבותינו זכרונם לברכה

אמש - אויר מים אש

אנ - או נאמר

אנ - אי נמי)או גם(ארמית

אנ - אם נאמר

אנהנ - אין הכי נמי

אניוק - אחרי נשיקת ידי ורגלי קודשו

אנך - אורות נצוצות כלים

אנסו - אמן נצח סלה ועד

אס - אין סוף

אסבה - אין סוף ברוך הוא

אע - אבא עילאה

אע - אדון עולם

אע - אהבת עולם

אע - אור עליון

אע - אימא עילאה

אע - איסור עריות

אע - את עצמו

אע - את עצמם

אעג - אף על גב

אעד - אף על דא)אף על זה(ארמית

אעה - אבינו עליו השלום

אעיכ - איך על ידי כך

אעפ - אף על פי

אעפי - אף על פי

אעפכ - אף על פי כן

אפה - אף הכא

אפה - אפילו הכי

אפיה - אפילו הכי

אפל - אפשר להשיב

אפל - אפשר לומר

אפל - אפשר לתרץ

אפשל - אפשר להשיב

אפשל - אפשר לומר

אפשל - אפשר לתרץ

אצ - אין צריך

אצל - אין צריך לומר

אק - אדם קדמון

אר - אדרא רבה

אר - אמר רבי

ארגמן - אוריאל רפאל גבריאל מיכאל נוראל

ארחבא - אמר רבי חנינא בן אסי

ארי - אשכנזי רבי יצחק

ארמע - אש רוח מים עפר

ארץ - ארם צובא

ארש - א"ל רחום שמך

ארש - אמר רבי שמעון)רשב"י(

אש - א"ל שד"י

אש - אלהנ"ו שבשמים

אש - אם שגתי

אש - אמר שם

אשהב - אשמורת הבוקר

אשל - אדום שחור לבן

אשל - איפה שלמה)פרוש השד"ה על אוצרות חיים(

אשע - אלופו של עולם

את - אם תאמר

את - אם תגיד

את - אם תקשה

אתי - אל יעזבינו יום

אתל - אם תרצה לומר

אתמ - איתי תלין משוגתי

אתמ - אל תשליכנו מלפניך

אתעדלע - אתערותא דלעילא

ב-

בא - באר אברהם

בא - בן אדם

בא - בני אדם

בא - בני אהרון)ספר(

באוהמ - באור המקיף

באוהפ - באור הפנימי

באופא - באופן אחר

באוצח - באוצרות חיים

באז - באדרא זוטא

באי - באר יצחק

באיאמה - ברוך אתה הוי"ה אלהינ"ו מלך העולם

באר - באדרא רבה

בב - במהרה בימינו

בב - בני ביתו

בבא - במהרה בימינו אמן

בבד - בבית דין

בבי - בבית יוסף

בבי - במהרה בימינו

בבכ - בא באי כוחו

בבנא - בבני אדם

בבת – בלתי בעל תכלית

בג - שתי גבורות

בגד - בגין דא)לכך(ארמית

בגה - בינה גבורה תפארת

בגכ - בגין כך)בגלל ש(ארמית

בגמ - בגמרא מסכת

בד - בינה דעת

בד - בית דין

בד - בן דוד

בד - בן דוסא

בד - בן דורסאי

בדא - במה דברים אמורים

בדה - בדבור המתחיל

בדה - ברוך דין האמת

בדה - ברוך דין האמת

בדוהמ - בדור המדבר

בדור - בדחילו ורחימו

בדז - בדבר זה

בדמה - בדבור המתחיל

בדת - בארבעה תחתונות

בה - בית הלל

בה - בעזרת השם

בה - בעל הבית

בה - ברוך הוא

בהא - בית הלל אומרים

בהובש - ברוך הוא וברוך שמו

בהח - בית החיים

בהכ - בית הכנסת

בהכ - בית הכסא

בהמ - בית המדרש

בהמז - ברכת המזון	במ - בכמה מקומות
בהנו - בעזרת השם נעשה ונגמור	במ - בר מנין
בהנו - בעזרת השם נעשה ונצליח	במא - במקום אחד
בהק - בית הקברות	במא - במקום אחר
בו - בשר ודם	במב - בורא מיני בשמים
בוד - בשר ודם	במדהי - במדינת הים
בוה - ברכה והצלחה	במדום - במחשבה דבור ומעשה
בז - בן זומא	במומ - במשא ומתן
בזהז - בזמן הזה	במל - במלכות
בזהל - בזה הלשון	במם - בורא מני מזונות
בזובז - בזה ובזה	בממנ - במה נפשך
בזוג - בן זוג	במס' - במסכת
בזוג - בת זוג	במק - במספר קטן
בזוגר - בזווג ראשון	במקא - במקום אחר
בזוגש - בזווג שני	במש - במה שכתוב
בזמ - בשבע מלכים	בן - בר נש)בן אדם(ארמית
בח - בית חדש)פירוש על הטור(	בן - שם ב"ן)יוד הה וו הה(
בח - בעלי חיים	בנא - בנוסחה אחרת
בח - בקור חולים	בנא - בני אדם
בח - שני חלקים	בנא - בנפילת אפים
בח - שני חסדים	בנד - בנידון דידן
בחי' - בחינה, בחינות	בנהש - בנהר שלום
בי - בית יוסף	בנוה - בנצח והוד
ביהש - בין השמשות	בני - בני ישראל
ביו - בפרק ט"ו	בנמ - בנדפס מחדש
ביוב - ביום שני	בנפא - בנפילת אפים
בילאו - ברוך ה' לעולם אמן ואמן	בנקח - בנקיטת חפץ
בילאוא - ברוך ה' לעולם אמן ואמן	בנר - בורא נפשות רבות
ביע - בריאה יצירה עשיה	בס' - בספר
ביצמ - ביציאת מצרים	בס - ב' ספירות
בכ - בגין כך)בגלל זה(ארמית	בס - בו סכנה
בכ - ברכת כהנים	בס - שתי סברות
בכא - בכל אחד	בסד - בסוף דבר
בכאוא - בכל אחד ואחד	בסד - בסיעתא דשמיא
בכד - בכל דרך	בסד - בספרא דצניעותא
בכהע - בכתר העליון	בסדה - בסוף דיבור המתחיל
בכז - בכל זאת	בסהז - בספר הזהר
בכז - בכל זמן	בסהל - בספר הלקוטים
בכח - בכתר חכמה	בסוד - בסוף דרוש
בכמ - בכל מקום	בסוהד - בסוף הדרוש
בכמ - בכמה מקומות	בספהט - בספרו הטהור
בכע - בכל עולם	בע - בכל עת
בכע - בכתר עליון	בע - בן עזאי
בכר - כלי ראשון	בעב - בורא עצי בשמים
בכש - בכלי שני	בעב - בורא עשבי בשמים
בלא - בלשון אחר	בעד - בעל דבר) הסיטרא אחרא(
בלאה - בלאו הכי	בעד - בעל דין
בלאהנ - בלו הכי נמי	בעה - בעזרת השם
בלאוה - בלאו הכי	בעה - בעל הבית
בלהק - בלשון הקודש	בעהב - בעל הבית
בלז - בלשון זה	בעהז - בעולם הזה
בלט - בליל טבילה	בעהק - בעיר הקודש
בלי - בית לחם יהודה)רבי יהודה פתיה(	בעהש - בעזרת השם
בלי - בלשון יחיד	בעהש - בעלות השחר
בלנ - בלי נדר	בעוה - בעונותינו הרבים
בלעז - בלשון עבודה זרה	בעוהר - בעוונותינו הרבים
בלר - באר לחי רואי	בעז - בעולם זה
בלש - בליל שבת	בעזה - בעזרת השם

בעח - בעל חוב
בעכ - בעל כורחה
בעכ - בעל כורחם
בעכ - בעל כרחו
בעפ - בערב פסח
בעק - בעלי קרי
בעש - בערב שבת
בפ - שתי פעמים
בפ - שתי פרצופים
בפהג - בורא פרי הגפן
בפז - בפרק זה
בפי - בן פורת יוסף
בפע - ב' פרקין עילאין
בפע - בפני עצמה
בפע - בפני עצמו
בפע - בפני עצמם
בצורהפ - בצורת הפתח
בק - בעל קרי
בק - בת קול
בקגוש - בקנין גמור ושלם
בקגוש - בקנין גמור ושריר
בקוח - בקור חולים
בקור - בקול רם
בקר - בקול רם
ברה - בראש השנה
ברהש - ברכות השחר
ברוד - ברחימו ודחילו
ברכהת - ברכת התורה
ברכי - ברכי יוסף)החיד"א(
בש - ב' שלישים
בש - בית שמאי
בש - ברוך שאמר
בש - ברוך שמו
בש - בת שבע
בשא - בשמאי אומרים
בשג - בשולי גויים
בשהט - בשלחנו הטהור
בשכמלו - ברוך שם כבוד מלכותו לעולם ועד
בשף - בשווה פרוטה
בשש - בשים שלום
בת – בעל תכלית
בתז - בתוך זה
בתהה - בתחית המתים
בתההמ - בתחיית המתים

-ג

גא - ג' אמצעיות
גור - גשמיות ורוחניות
גז - גם זה
גזד - גזר דין
גזס - גם זה סוד
גזש - גזרה שווה
גח - ג חלקים
גח - גמילות חסדים
גי' - גירסה
גימ' - גימטריה
גכ - גם כן
גס - שלוש ספירות

גע - גילוי עריות
גע - גן עדן
געומ - גידין עצמות ומוח שבעצמות
גפ - שלושה פרצופים
גפת - גמרא רש"י תוספות
גר - ג' ראשונות
גש - ג' שלישים
גש - גזירה שוה
גת - ג' תחתונות

-ד

דא - ארבע אמות
דא - דבר אחר
דא - דרך ארץ
דאבי - דאצילות בריאה יצירה
דאדק - דאדם קדמון
דאהנ - דאין הכי נמי
דאח - דברי אלהי"ם חיים
דאלכ - דאם לא כן
דאלתה - דאי לא תימא הכי
דב - די בזה
דבק - דברי קודשו
דבש - דברי שלום
דה - דבור המתחיל
דהולל - דהוה לה לומר)ארמית(היה לו לומר
דהעה - דוד המלך עליו השלום
דוהמ - דוד המלך
דוהמ - דור המדבר
דומ - דיבור ומחשבה
דומ - דיבור ומעשה
דונ - דוכרא ונוקבא
דור - דחילו ורחימו
דז - דבר זה
דז - דין זה
דז - דרך זה
דח - ד' חלקים
דחג - דעת חסד גבורה
דיל - דיש לומר
דכון - דוכרא ונוקבא
דכונ - דוכרא ונוקבא
דכצל - דכך צריך לגרוס
דל - די למבין
דלל - דלית לה
דלקמ - דלא קשיא מדי)אין כאן קושיה(ארמית
דמ - דרך משל
דמבד - ארבעה מיתות בית דין
דמבד - ד' מיתות בית דין
דמכש - דמכל שכן
דמש - דמה שכתב
דס - ארבע ספירות
דסל - דסבירא ליה)שסבור הוא(ארמית
דפ - ארבע פרצופים
דפ - ארבעה פעמים
דפ - ארבעה פרשיות
דפוי - דפוס ישן
דפחח - דברי פי חכם חן
דצחמ - דומם צומח חי מדבר
דקאל - דקאמר ליה)שאמר לו(ארמית

הח - ה חסדים	דקק - דקצת קשה
החום - החתום מטה	דרה - דרכי האמורי
החידא - הרב חיים יוסף דוד אזולי	דרהם - יחידת משקל 3.2 גרם
החמ - החתום מטה	דרהמש - דרהם שמן
הט' - הטעם	דרזל - דרשו רבותינו זכרונם לברכה
הט - הוא טעם	דרם - דרבי מאיר
הטוהמ - הטוב והמטיב	דרן - דרוח נפש
הי - הוד יסוד	דת - ד' תחתונות
הי - השם ישמור	דת - דין תורה
הי - השם יתברך	דתהר - דתהומא רבא
הים - הוד יסוד מלכות	דתי - דעת תפארת יסוד
הימל - הוא ישלח מלאכו לפניך)שם קדוש(	דתים - דעת תפארת יסוד מלכות
היס - העשר ספירות	דתכבת - דתלת כלילין בתלת
היסב - היד סולדת בו	
היע - המקום ירחם עלינו	**ה-**
היעבא - המקום ירחם עלינו במהרה אמן	ה' - הוי"ה
הירא - רבי ידידיה אבו-אלעאפיה	הא - הוי"ה אלהינ"ו
הית - השם יתברך	האאסבה - הארת אור אין סוף ברוך הוא
הכמ - הרי אני כפרת משכבו	האום - האור מקיף
הכע - הכתר עליון	האום - הארץ ומלואה
הל - הוה ליה)מה היה(ארמית	האופ - האור פנימי
הל - היה לו	האסבה - הארת אין סוף ברוך הוא
הל - הנזכר למעלה	הארש - הרב אדוננו רבי שלום
הל - הרי לך	הבבת – הבלתי בעל תכלית
הלל - היה לו לומר	הבי - הבית יוסף
הללמ - הלכה למשה מסיני	הג - ה' גבורות
הלמ - הלחם משנה	הגובי - הגהות וביאורים
הלמ - הלכה למעשה	הגרא - הגאון רבינו אליהו)מווילנא(
הלמ - הלכה למשה מסיני	הגריח - הגאון רבינו יוסף חיים
המ - הדור מצוה	הד - הדא דכתיב)זהו שכתוב(ארמית
המ - הדרת מלך)ספר(	הד - היכי דמי)אין זה דומה(ארמית
המ - הכי משמע)כך נשמע(ארמית	הד - הינו דאמרי)זהו שאומרים(ארמית
המ - חמש מקיפין	הדמ - הדרת מלך
המ - חמשה מוצאות	הה - הא"ל הגדול
המ - חמשה מקיפים	הה - הדא הוא
המדא - היינו מאי דאמר	הה - הוא הדבר
המהריט - הרב מורנו רבי יום טוב אלגאזי	הה - הוא הדין
המהרשא - המורנו הרבה רבי שמואל אידלש	הה - היינו הך
המקח - המקום חיצוני	הה - הלא הוא
המקפ - המקום פנימי	הה - הלא המה
הנ - הכא נמי)אותו דבר(ארמית	הה - העולם הבא
הנדמ - הנדפס מחדש	הה - הר הבית
הנוה - הנצח והוד	הה - הרב הגדול
הנז' - הנזכר	הה - הרי הוא
הנזל - הנזכר להלן	ההא - הוא היה אומר
הנזל - הנזכר להעיל	ההד - הדא הוא דכתיב)זה שכתוב(ארמית
הנזלה - הנזכר למעלה	ההההה - הוא הודה הוא הדרה
הנל - הנזכר לעיל	ההיב - השם הטוב יכפר בעדי
הנמ - הנדפס מחדש	ההיב - השם התברך יכפר בעדי
הנמ - הנפקא מינה)היוצא מזה(ארמית	ההל - היה לו לומר
הס - הוא סוד	הויה - יהו"ה
הס - הר סיני	הול - הוה ליה
הס - חמש ספירות	הולל - היה לו לומר
הע - חמש עולמות	הוס - הוא סוד
הער - הערב רב	הור - הושענה רבא
הפ - חמש פנימיים	הז - הוא זה
הפ - חמש פעמים	הז - הרי זה
הפ - חמשה פרצופים	הח - ה חלקים

הצג - הוא צדיק גמור
הק - ה' קצוות
הקבה - הקדוש ברוך הוא
הקק - היכל קודש קודשים
הראבד - רבי אברהם בן דוד
הראש - הרב רפאל אברהם שרעבי)נכד הרשש(
הרג הלוי - הרב גדליה הלוי
הרדא - הרב דוד אבודרהם
הרדבז - רבי דוד בן זמרא
הרדפ - הרב רבי דוד פרדו
הרום - הרוגי מלכות
הרז - הרי זה
הריץ - הרב יעקב צמח
הרמדל - רבי מנחם די לונזנו
הרמדל - רבי משה די לאון
הרמהח - הרב מסעוד הכהן חדד)שמחת כהן(
הרמפ - הרב רבי מאיר פאפרוש כץ
הרנש - הרב נתן שפירא
הרפיש - הרב יפה שעה
הרשו - הרב רבי שמואל ויטאל
השבח - הרב שלמה בן חיים חיקיל)בעל הלש"ם(
השדה - הרב שאול דויק הכהן)איפה שלמה(
השוהא - השמים והארץ
השית - השם יתברך
השמש - הרב שלום מזרחי שרעבי)הרש"ש(
השע - השליש עליון
השק - השש קצוות

-ו

ואהנ - ואין הכי נמי)והן כך הוא(ארמית
ואחז- ואחר זמן
ואחז - ואחרי זה
ואחכ - ואחר כך
ואכ - ואם כן
ואכמל - ואין כאן מקום להאריך
ואנהנ - ואין הכי נמי
ואעפ - ואף על פי
ואעפכ - ואף על פי כן
ואפיה - ואפילו הכי
ואפל - ואפשר להשיב
ואפל - ואפשר לומר
ואפל - ואפשר לתרץ
ואפשל - ואפשר להשיב
ואפשל - ואפשר לומר
ואפשל - ואפשר לתרץ
ואש - ואלהינ"ו שבשמים
ואש - ואם שגיתי
ואשאת - ואם שגיתי איתי תלין
ואשאתמ - ואם שגיתי איתי תלין משוגתי
ואת - ואל תעשה
ואת - ואם תאמר
ואתל - ואם תרצה לומר
ובגד - ובגין דא)ולכד(ארמית
ובדמה - ובדבור המתחיל
ובה - וביאור המילה
ובהנמח - ובהנדפס מחדש
ובכא - ובכל אחד
ובכמ - ובכל מקום

ובמש - ובמה שבארנו
ובסד - ובסוף דבר
ובסהק - ובספר הקדוש
ובסהק - ובספרי הקטן
ובסוד - ובסוף דבר
ובש - וברוך שמו
וג - שש גדולים
וגז - וגם זה
וגע - וגן עדן
ודוק - ודייק ותמצא קל
ודל - ודי למבין
ודמ - ודרך משל
והה - והוא הדין
וההיב - והשם הטוב יכפר בעדי
וההיב - והשם התברך יכפר בעדי
וההל - והיה לו לומר
והט - והוא טעם
והיעא - והשם יאיר עינינו אמן
והיעבא - והשם יאיר עינינו בתורתו אמן
והלל - והיה לו לומר
והמי - והמבין יבין
והמי - והמשכיל יבין
והס - והוא סוד
והרז - והרי זה
וזא - וזה אמר
וזבז - וזה בזה
וזהש - וזה הוא שכתוב
וזל - וזה לשונו
וזמשה - וזה מה שאמר הכתוב
וזס - וזה סידרן
וזעגז - וזה על גבי זה
וזשארזל - וזה שאמרו רבותינו זכרונם לברכה
וזשה - וזה שאמר הכתוב
וחא - וחד אמר
ויל - ויש לומר
וימ - ויניקה מוחין
וימ - ויש מפרשים
וימ - ויש מקומות
וכה - וכך הוא
וכהא - וכן הוא אומר
וכהא - וכן הכתוב אומר
וכהג - וכהאי גונא)באופן זה, בדרך זה(ארמית
וכז - וכל זה
וכמ - וכך מובן
וכמ - וכן מובן
וכמוכ - וכמו כן
וכמשה - וכמו שאמר הכתוב
וכמשזל - וכמו שאמרו זכרונם לברכה
וכנ - וכן נזכר
וכנ - וכן נראה
וכעדז - וכן על דרך זה
וכעזהד - וכן כל זה הדרך
וכפ - וכך פסק
וכש - וכל שכן
ולד - ולעניות דעתי
ולזא - ולזה אמר
ולעדן - ולעניות דעתי נראה
ולעדנ - ולעניות דעתי נראה

ולעתל - ולעתיד לבוא

ולפיז - ולפי זה

ולפמש - ולפי מה שכתב

ולק - ולא קשיא

ולשיקבהוש - ולשם יחוד קודשא בריך הוא ושכינתיה

ומכמ - ומכמה מקומות

ומכש - ומכל שכן

ומכשכ - ומכל שכן

וממא - ומכל מקום אחר

ומס - ומר סבר

ומעט - ומעשים טובים

ומשוה - ומשום הכי)ומסיבה זאת(ארמית

ונ - שש נקודות

וס - שש ספירות

ועז - ועל זה

ועזא - ועל זה אמר

ועזאבה - ועל זה אמר בעל התמונה

ועזנ - ועל זה נאמר

ועיכ - ועל ידי כך

ועיל - ועוד יש לדקדק

ועיל - ועוד יש להקשות

ועיל - ועוד יש לומר

ועיע - ועיין עוד

ועכ - ועל כן

ועל - ועיין לעיל

ועש - ועיין שם

ופא - ופעם אחת

ופו - ו' פעמים ו')שש כפול שש(

וצי - וצריך ישוב

וק' - וקשה

וק - ו' קצוות

וק - וקשה

וקו - וקל וחומר

וקל - וקל להבין

וקק - וקשה קצת

וש - ששה שלישים

ושור - ושוב ראיתי

ושכמה - ושכרו כפול מן השמים

ות - שש תחתונות

-ז

זא - זאת אומרת

זא - זה אמר

זא - זעיר אנפין

זאז - זה אחר זה

זאז - זה את זה

זב - שבע ברכות

זבז - זה בזה

זבתז - זה בתוך זה

זג - זמן גרמא

זה - זה הדין

זהל - זה הלשון

זהמ - שבע המלכים

זוגר - זווג ראשון

זוגש - זווג שני

זוהק - זהר הקדוש

זוח - זהר חדש

זונ - זכר ונקבה

זונ - זעיר אנפין ונוקבא

זח - זהר חדש

זח - שבעה חדשים

זטה - שבעה טובי העיר

זיע - זכותו יגן עלינו

זיעא - זכותו יגן עלינו אמן

זכונ - זכר ונקבה

זל - זה לשונו

זל - זכרונו לברכה

זל - זרע לבטלה

זלהה - זכרונו לחיי העולם הבא

זלז - זה לזה

זלמ - זה למטה מזה

זלמ - זה למעלה מזה

זלמז - זו למטה מזו

זם - שבעה מלכין

זמז - זה מזה

זמל - שבעה מלכים

זמש - זה מה שכתוב

זמש - זהו מה שאמר

זמשה - זה מה שאמר הכתוב

זנ - שבע נקודות

זס - ז' ספירות

זס - זה סוד

זס - זה סידרן

זעגז - זה על גבי זה

זעז - זה על זה

זצל - זכרון צדיק לברכה

זק - ז' קצוות

זש - זה שאמר

זש - זה שכתוב

זשארזל - זה שאמרו רבותינו זכרונם לברכה

זשה - זה שאמר הכתוב

זת - שבע תחתונות

זת - שבעה תיקוני

זתג - שבעה תיקוני גולגולתא

זתז - זה תוך זה

-ח

חא - חד אמר

חא - חלק א

חב - חלק ב

חבד - חכמה בינה דעת

חבהק - חיבוט הקבר

חבח - חותם בתוך חותם

חבח - חסד בתוך חסד

חבהג - חכמה בינה חסד גבורה

חבית - חלב בשר יין תכלת)לחותם בתוך חותם(

חבית - חלב בשר יצהר תרוש)לחותם בתוך חותם(

חבתו - חברון תבנה ותתקומם

חבתמ - חכמה בינה תפארת מלכות

חג - חלק ג

חג - חמשה גבורות

חג - חסד גבורה

חגבי - חלב גבינה ביצה יין

חגת - חסד גבורה תפארת

חגתי - חסד, גבורה, תפארת, יסוד

חדב - חכמה דעת בינה

חדג - חסד דעת גבורה
חדר - חסד דין רחמים
חה - חול המועד
חו - חס וחלילה
חוב - חכמה ובינה
חוג - חסדים וגבורות
חוהל - חובת הלבבות
חוהמ - חול המועד
חוח - חן וחסד
חום - חתום מטה
חונצ - חסד ונצח
חוף - חותם פה
חוף - חותם פה
חוף - חצוני ופנימי
חור - חכמי ורבני
חזל - חכמינו זכרונם לברכה
חח - חמשה חסדים
חחן - חכמה חסד נצח
חי - חמדת ימים
חי - חמדת ישראל)ספר לרבי שמואל ויטאל(
חיה - חיבוט הקבר
חכוב - חכמה כתר ובינה
חל - חוץ לארץ
חל - חצות לילה
חליש - חיים לכל ישראל שבק
חמ - חכמה מלכות
חמ - חתום מטה
חמו - חנינה משאל ועזריה
חמוע - חנניה מישאל ועזריה
חמי - חמדת ימים)ספר(
חמפג - חילתית מורייס פת גבינה
חס - חזקת סכנה
חס - חכמה סתימאה
חס - חשש סכנה
חס - שמונה ספירות
חסד - חסדי דוד)רבי דוד מגר(
חע - חכמה עילאה
חעד - חבל על דאבדין
חף - חותם פה
חק - חסידא קדישא
חקל - חיים לכל חי)ספר(
חר - חכם רבי
חשבס - חולה שיש בו סכנה
חשו - חירש שוטה וקטן
חשמ - חול של מועד

-ט

ט - טעם
טא - טעם אחר
טב - תשעה באב
טג - טלית גדול
טוד - טעם ודעת
טור - טוב ורע
טושע - טור שלחן ערוך
טות - טלית ותפילין
טז - טורי זהב)פירוש לשולחן ערוך(
טח - תשעה חודשים
טט - מטטרו"ן)מלאך(

טן - תשעה נקודות
טנתא - טעמים נקודות תגין אותיות
טס - תשע ספירות
טפ - תשעה פירקין
טק - טלית קטן
טק - טעות קולמוס
טר - ט)תשע(ראשונות
טת - ט)תשע(תחתונות

-י

יאוא - הוי"ה אלהינ"ו ואלוה"י
יאואא - הוי"ה אלהינ"ו ואלוה"י אבותנו
יב - יודעי בינה
יבח - י"ב חודשים
יבי - עשר בעשר
יג - יש גורסים
יגתד - יג תיקוני דיקנא
יד - יורה דעה
ידח - ידי חובה
יהרמ - יהי רצון מלפניך
יהשרמ - יהי שמא רבא מבורך
יוהך - יום הכיפורים
יוהכ - יום הכיפורים
יוח - יודעי חן
יוט - יום טוב
יום - יניקה ומוחין
יוסד - יוסף דעת
יוצאיח - יוצאי חלציו
יושה - יסוד ושורש העבודה)רבי אלכסנדר זיסקינד(
יח - ידי חובה
יחנרן - יחידה חיה נשמה רוח נפש
יחנרנ - יחידה חיה נשמה רוח נפש
יט - עשר טפחים
יטס - י"ט ספירות
יידח - יוצא ידי חובה
ייהר - יין הרקח
יל - יכול להיות
יל - יש לדקדק
יל - יש להבין
יל - יש לומר
יל - יש לתרץ
ילפ - יש לפרש
ילקוש - ילקוט שמעוני
ים - יניקה מוחין
ים - יסוד מלכות
ימב - ימי בראשית
ין - עשר נקודות
יס - ים סוף
יס - עשר ספירות
יסב - יד סולדת בו
יסות - ישראל סבא ותבונה
יע - עשרה עגולים
יעא - יגן עליה אלהי"ם
יעא - יגן עלינו אמן
יעא - יכונה עליון אמן
יעא - יעקב אבינו
יעאעה - יעקב אבינו עליו השלום
יעבא - יאיר עינינו בתורתו אמן

יעועכיא - יגן עלינו ועל כל ישראל אמן
יעוש - יעוין שם
יעושב - יעוין שם בדברו
יעקור - יעקב ורחל
יעש - יעוין שם
יעשב - יעוין שם בבאורו
יפי - י' פעמים י')עשר פעמים עשר(
יפש - יפה שעה)פרוש רבי שלמה הכהן על ע"ח(
יפת - יפת תואר
יצ - יעקב צמח
יצאעה - יצחק אבינו עליו השלום
יצהט - יצר הטוב
יצהר - יצר הרע
יצו - ישמרהו צורו ויחיהו
יצמ - יציאת מצרים
יקנהז - יין קדוש נר הבדלה זמן
ירה - ירום הודו
ירה - ירחם השם
ירושתו - ירושלים תבנה ותכונן
ירע - יראה עילאה
ירת - יראה תתאה
ישסות - ישראל סבא ותבונה
ישרמ - יהיה שמיא רבא מבורך
יתבל - יתבאר לעתיד
יתש - יתברך שמו

כ-

כא' - כאחד
כא - כי אם
כא - כי אם
כא - כל אחד
כאוא - כל אחת ואחת
כבב - כל בני ביתו
כג - כהן גדול
כדא - כדאמרינן
כדא - כמה דאתאמר
כדמוי - כדת משה וישראל
כדתים - כתר דעת תפארת יסוד מלכות
כה - כך הוא
כהא - כן הוא אומר
כהג - כהאי גונא
כהג - כהן גדול
כהח - כף החיים
כהנ - כל הנצרך
כהנ - כן היא נוסחת
כהנ - כן הנוסח
כום - כוכבים ומזלות
כז - כל זה
כח - כתר חכמה
כחב - כתר חכמה בינה
כחבד - כתר חכמה בינה דעת
כי - כנסת ישראל
כי - כתב יד
כיק - כתב יד קודשו
כיר - כן יהי רצון
כירא - כן יהי רצון אמן
ככ - כך כתב
ככ - כל כך

כלמ - כלפי מעלה
כלצמא - כלי לבוש צלם מוחין אור
כמ - כך מובן
כמ - כל מקום
כמ - כן מובן
כמ - כסא מלך
כמבא - כי מימיני בל אמוט
כמד - כמן דאמאר
כמדא - כמא דאתאמר)כמו שנאמר(ארמית
כמהרר - כבוד מעלת הרב רבי
כמוכ - כמו כן
כמרזל - כמאמר רבתינו זכרונם לברכה
כמש - כמו שכתבנו
כמש - כמו שכתוב
כמש - כמו שנכתוב
כמשהכ - כמו שאמר הכתוב
כמשזל - כמו שאמרו זכרונם לברכה
כמשית - כמו שיתבאר
כמשל - כמו שכתוב לעיל
כמשל - כמו שכתוב לקמן
כמשל - כמו שמבואר להלן
כמשל - כמו שמבואר לעיל
כמשל - כמו שמבואר לקמן
כנ - כן נראה
כנזל - כנזכר להעיל
כנל - כנזכר לעיל
כסהכ - כסא הכבוד
כע - כח עליון
כע - כל עולם
כע - כתר עליון
כעדז - כך על דרך זה
כעז - כתוב על זה
כעזהד - כן כל זה הדרך
כפ - כך פסק
כפ - כתם פז
כפז - כפי זה
כץ - כהן צדק
כצל - כך צריך לומר
כקיס - כקריעת ים סוף
כר - כלי ראשון
כש - כל שכן
כש - כלי שני
כש - כרם שלמה)רבי סולמאן אליהו(
כשארזל - כמו שאמרו רבותינו זכרונם לברכה
כת - כבוד תורתו
כתים - כתר תפארת יסוד מלכות
כתק - כתנא קמה)כמו התנא הראשון(ארמית
כתר - כבוד תורתו

ל-

לא - לשון אחר
לב - לישב בסוכה
לב - לשב בסוכה
לבע - לבית עולמו
לבעד - לבעל דין
לבת - לבן תורה
לג - לא גורסים
לג - לא גרסין

לד - לאו דווקא
לדפ - לארבע פרצופים
לה - לבנת הספיר
להדמ - לא היו דברים מעולם
להק - לשון הקודש
להר - לשון הרע
להרר - להרב רבי
לו' - לומר
לזא - לזה אמר
לי - שלושים יום
לידח - לידי חובה
ליח - לצאת ידי חובה
לַיידח - לא יוצא ידי חובה
לכא - לכל אחד
לכי - לכנסת ישראל
לכל- לכל עלמא
לל - לית ליה)אין לה(ארמית
למד - למאן דאמר)למי שאמר(ארמית
למהד - למאן דאמר)למי שאמר(ארמית
לסט - לסימן טוב
לעד - לעניות דעתי
לעדן - לעניות דעתי נראה
לעולוע - לעולם ועד
לעולע - לעולמי עולמים
לעיתש - לעבודתו יתברך שמו
לעכומז - לעובדי כוכבים ומזלות
לעל - לעתיד לבוא
לענדן - לעניות דעתי נראה
לענדן - לעניות דעתי נראה
לעע - לעולמי עד
לעע - לעולמי עולמים
לעע - לעת ערב
לעע - לעת עתה
לעש - לערב שבת
לעתיש - לעשרת ימי תשובה
לעתל - לעתיד לבוא
לפה - לחמש פרצופים
לפז - לפי זה
לפיז - לפי זה
לפמש - לפי מה שכתב
לק - לא קשיא
לקמ - לא קשיא מדי)אין כאן קושיה(ארמית
לקפ - לקבל פרס
לקש - לא קשיא
לרור - לרוח רעה
לש - לא שנא)אין הבדל(ארמית
לש - ליל שבת
לשהר - לשון הרע
לשות - לשם ותהילה
לשיקבהוש - לשם יחוד קודשא בריך הוא ושכינתיה
לשפ - לא שווה פרוטה
לשש - לשם שמים
לת - לא תעשה
לת - לפי תומו

מ-

מא - מים אחרונים
מא - מים אמצעיים

מא - מקום אחר
מאמצ - מארץ מצרים
מאמר - מאמרי רשב"י
מאמרזל - מאמר רבותינו זכרונם לברכה
מב - מ"ה ב"ן
מב - מהדורה בתרא
מב - מעשה בראשית
מב - שם מב) שם של מ"ב אותיות(
מבד - מאכל בן דורסאי
מבד - משיח בן דוד
מבוש - מבוא שערים
מבי - מבעוד יום
מבעי - מבעוד יום
מבפע - מב' פרקין עילאין
מגא - מגן אברהם
מד - מיין דוכרין
מד - מן דאמר
מדבק - מדברי קודשו
מדה - מדבור המתחיל
מדהד - מידת הדין
מדהי - מדינת הים
מדומ - מחשבה דבור ומעשה
מדומן - מ"ד ומ"ן
מדומנ - מדוכרא ונוקבא
מדז - מדבר זה
מדק - מדברי קודשו
מה - מלאך המות
מה - מלאכי השרת
מה - שם מ"ה)יוד הא ואו הא(
מהמ - מלאך המות
מהמ - מלכי המלכים
מהרחו - מורנו הרב רבי חיים ויטאל
מהריץ - מורינו הרב יעקב צמח
מהרנש - מורנו הרב רבי נתן שפירא
מהרשו - מורינו הרב שמואל ויטאל)הבן של רבי חיים ויטאל(
מהרשך - מורינו הרב שאול דוויק)השד"ה(בעל איפה שלמה
מהרשך - מורינו הרב שלמה הכהן בעל יפה שעה
מהש - מלאכי השרת
מהש - מלאכי השרת
מוהר - מורי הרב
מוהרחו - מורנו הרב חיים ויטאל
מוהריא - מורינו הרב יוסף אזולי
מוהריט - מורנו הרב רבי יום טוב)אלגאזי(
מוהרם - מורנו הרב מאיר
מוהרשו - מורנו הרב שמואל ויטאל
מוהרשש - מורינו הרב שלום שרעבי)הרש"ש(
מוזל - מורי ז"ל
מולמ - מטי ולא מטי
מום - משא ומתן
מוס - מוחא סתימאה)מוח סתום שהוא חכמה דא"א(ארמית
מופ - מקיף ופנימי
מוצש - מוצאי שבת
מוק - מועד קטן)מסכת(
מוש - מוצאי שבת
מזל - מוציא זרע לבטלה
מזלן - משה זכות לי נראה
מח - משנת חסידים)רבי עמנואל חי רקי(
מחהש - מחצית השקל

קונטרס ראשי תיבות לספרי הקבלה

מחק - מקום חיצוני

מט - מאי טעמא (מה הטעם) ארמית

מט - מה הטעם

מטומ - מטי ולא מטי

מטשב - מ"ט שערי בינה

מכ - מצאתי כתוב

מכמ - מכל מקום

מכמ - מכמה מקומות

מכע - מכח עליון

מכע - מכתר עליון

מכש - מכל שכן

מכשכ - מכל שכן

מל - מלכות

מל - מתוק לנפש

מלאד – מלכי אדום

מלת - מצות לא תעשה

ממ - מאי משמע

ממ - מכל מקום

ממ - מעשה מרכבה

ממ - מפני מה

ממ - מקרא מפורש

ממ - מראה מקום

ממא - מכל מקום אחר

ממא - ממקום אחר

ממדומ - ממחשבה דיבור ומעשה

ממה - מלך מלכי המלכים

ממהמ - מלך מלכי המלכים

ממוזל - ממורי ז"ל

ממנ - ממה נפשך

ממש - ממה שכתוב

מנ - מאי ניהו

מן - מיין נוקבין

מניר - מעלתו נירו יאיר

מניר - מר ניהו רבה

מניר - מרן נירו יאיר

מס - מר סבר

מסכי - מספר כתב יד

מסנ - מסירות נפש

מע - מצות עשה

מעב - מעשה בראשית

מעט - מעשים טובים

מעכת - מעלת כבוד תורתו

מעכת - מעלת כבוד תורתם

מעלד - מאבד עצמו לדעת

מעלע - מעת לעת

מעלע - מעת לעת

מעע - מעשר עני

מער - מעשר ראשון

מעש - מערב שבת

מעש - מעשר שני

מצש - מצת שמורים (ספר)

מק - מהדורה קמא

מק - מספר קטן

מק - מצאתי קושיה

מקב - מקום בינה לרבי יצחק צבע

מקוב - מקום בינה (ספר) למקובל יצחק צבע

מקמ - מקדש מלך

מקפ - מקום פנימי

מר - מדרש רבה

מר - מים ראשונים

מרעה - משה רבינו עליו השלום

מש - מאי שנא

מש - מבוא שערים

מש - מה שיבואר

מש - מה שכתב

מש - מה שכתוב

מש - מה שמבואר

מש - מה שמצאתי

מש - מה שנאמר

מש - מה שנכתב

משאכ - מה שאין כן

משאכ - מה שאינו כן

משאכ - מה שאמרו כאן

משה - מה שאמר הכתוב

משה - מה שנא התם

משהכ - מה שאין כן

משוה - משום הכי (מסיבה זאת) ארמית

משזל - מה שאמרו זכרונם לברכה

משזל - מוציא שכבת זרע לבטלה

משכ - מה שכתוב

משכז - משכב זכר

משכן - מטה שולחן כסא מנורה

משל - מה שאכתוב להלן

משל - מה שאכתוב לקמן

משל - מה שהיה להוכיח

משל - מה שכתבתי להוכיח

משל - מה שכתבתי למעלה

משל - מה שכתבתי לעיל

משל - מה שנתבאר לעיל

משל - מה שרצה להוכיח

משמ - מתנת שכיב מרע

משפ - משווה פרוטה

משצל - מלאכה שאינה צריכה לגופה

משק - מה שאמר קרא

משש - מה שכתב שם

משש - מה שכתבתי שם

משש - מה שכתוב שם

משש - מוסף של שבת

משש - מנחה של שבת

מת - מהדורה תנינא

מת - מתן תורה

מתתלע - מתתא לעילא

-נ-

ן' - בן

נא - נוסחא אחרינא (נוסחה אחרת)

נא - נפילת אפים

נב - נכתב בצידו

נב - נראה בעיני

נגז - נחום גם זו

נדמ - נדפס מחדש

נה - נצח הוד

נהי - נצח הוד יסוד

נהים - נצח הוד יסוד מלכות

נהר - נפשו הרמה

נהר - נשיא הרבנים

נהש - נהר שלום
נוא - נדב ואביהוא
נוה - נצח והוד
נוק' - נוקבא
נור - נפש ורוח
נז' - נזכר
נחי - נשמה חיה יחידה
נטי - נטילת ידים
נטלפ - נותן טעם לפגם
ניוק - נשיקת ידי ורגלי קודשו
נכ - נפילת כפיים
נל - נכון לעשות
נל - נראה לי
נלח - נודע לידעי חן
נלח - נראה לי חיים)המרח"ו(
נלן - נקודה לנקודה
נלעד - נראה לעניות דעתי
נלעדן - נראה לעניות דעתי נתן)רבי נתן שפירא(
נלפ - נראה לי פרושו
נלפ - נראה לי פשוט
נלפ - נראה לפרש
נמ - נדפס מחדש
נמ - נפקא מינה)יוצא מזה(ארמית
ננ - נבוכדנצר
נע - נשמתו עדן
נפא - נפילת אפיים
נפוש - נפלו ונשברו
נצב - נכסי צאן ברזל
נצמ - נכסי צאן מלוג
נק' - נקרא
נקבה - נערה קטנה בוגרת ה'
נקח - נקיטת חפץ
נר - נחת רוח
נר - נפש רוח
נרו - נטרה רחמנא וברכיה
נרו - נצרהו רחמנא ונטרהו
נרנ - נפש רוח נשמה
נרנח - נפש רוח נשמה חיה
נרנחי - נפש רוח נשמה חיה יחידה
נשב - נ' שערי בינה
נשי - נשמות ישראל
נשצל - נראה שצריך לגרוס
נתא - נקודות תגין אותיות
נתב' - נתבאר
נתל - נתבאר לעיל

ס-

סא - סברה אחרונה
סא - סברה אחרת
סא - סיטרא אחרא)הצד האחר(ארמית
סב - סולדת בו
סבל - ספק ברכות להחמיר
סבל - ספק ברכות להקל
סג - שם ס"ג)יוד הי ואו הי(
סד - סוף דבר
סד - סלקא דעתך)עולה על דעתך(ארמית
סד - ספרא דצניעותא
סדא - סלקא דעתך אמינא)היית חושב כי אומר(ארמית

סדה - סוף דיבור המתחיל
סדמ - סדרי משנה
סה - סך הכל
סה - ספר הזהר
סהל - ספר הלקוטים
סהת - ספר התורה
סהת - ספר התיקונים)תקוני הזוהר(
סובע - סובב כל עלמין
סוד - סוף דבר
סוד - סוף דעתו
סוכס - סוף כל סוף
סוס - סוף סעיף
סט - סדר טהרות
סט - סופו טוב
סט - סימן טוב
סטא - סטרא אחרא
סי' - סימן
סי - ספר יצירה
סכי - ספר כתב יד
סל - סבירא ליה)סבור הוא(ארמית
סמב - ס"ג מ"ה ב"ן
סס - סוף סוף
סס - ספק ספיקא
סעומ - סעודת מצוה
ספדצ - ספרא דצנעותא)סוף פרשת תרומה בזהר(
ספהט - ספר הטהור
ספהט - ספרו הטהור
ספי' - ספירה, ספירות
סר - ששים רבוא
סרח - ספר ראשית חכמה
סשהה - סקילה שריפה הרג חנק
סת - סופי תבות
סת - ספר תורה
סתם - ספר תורה, תפילין, מזוזה
סתר - סוף תוך ראש

ע-

עא - עד אחד
עא - עמוד א
עא - עמודה א
עא - ענין אחר
עאכו - על אחת כמה וכמה
עאפ - על אף
עב - עמוד ב
עב - עמודה ב
עב - שם ע"ב)יוד הי ויו הי(
עבגעומ - עור בשר גידין עצמות ומוח שבעצמות
עבגעמ - עור בשר גידין עצמות מוח
עבט - עני בן טובים
עבכ - עם ב' כוללים
עג - על גב
עג - על גבי
עג - עמודה ג
עד - על דא)על זה(ארמית
עד - על דבר
עד - על דבר
עד - על דבר
עד - על דעת
עד - על דרך

עכד - כל כל דא

עד - עמודה ד

עכד - עד כאן דיברו

עדג - על דרך גוזמא

עכום - עובדי כוכבים ומזלות

עדה - על דרך הכתוב

עכומז - עובדי כוכבים ומזלות

עדה - על דרך הסוד

עכז - עם כל זה

עדז - על דרך זה

עכל - עד כאן לשונו

עדמשה - על דרך מה שאמר הכתוב

עכפ - על כאן פרושו

עדש - על דרך שכתוב

עכפ - על כל פנים

עה - עליו השלום

עכפ - על כן פירש

עה - עם הארץ

עכפ - על כן פסקו

עה - עם הכולל

עכתל - עד כאן תוכן לשונו

עה - עמוד השחר

על - עיין לעיל

עה - עצם השמים

עמ - על מנת

עהב - עולם הבא

עמלקפ - על מנת לקבל פרס

עהד - עץ הדעת

עמש - על מה שאמר

עהז - עולם הזה

עמש - על מה שביאר

עהח - עץ החיים

עמש - על מה שכתב

עהכ - עם הכולל

עמשל - על מה שכתב לעיל

עהפ - על הפסוק

ען - על נכון

עהש - עלות השחר

ען - עליו נאמר

עוג - עובד גלולים

עני - על נטילת ידים

עוהב - עולם הבא

עס - ע"ב ס"ג

עוהז - עולם הזה

עס - עד סוף

עואא - עובדי עבודת אלילים

עס - עשר ספירות

עואג - עובד עבודת גלולים

עסמ - ע"ב ס"ג מ"ה

עואג - עומד על גבו

עסמב - ע"ב ס"ג מ"ה ב"ן

עוש - עוד שם

עע - על עצמו

עות - עולת תמיד (ספר)

עעז - עובדי עבודה זרה

עז - עבודה זרה

עעשמ - עולים על שלחן מלכים

עז - עולם זה

עפ - על פי

עז - על זה

עפ - על פניהם

עז - עם זה

עפ - על פסוק

עזא - ועל זה אמר

עפ - ערב פסח

עזנ - על זה נאמר

עצהד - עץ הדעת

עח - עץ חיים

עק - עתיקא קדישא (הזקן הקדוש) ארמית

עטב - עטרת בעלה

עקה - על קדוש השם

עטר - עטרת ראשנו

עקיה - על קדוש השם יתברך

עי - על יד

ער - ערב רב

עי - עתיק יומין

ערה - ערב ראש השנה

עיא - עליה יגן אלהי"ם

עש - עיין שם

עיהר - עין הרע

עש - על שם

עיוט - ערב יום טוב

עש - ערב שבת

עיום - עבור יניקה ומוחין

עת - עולת תמיד

עיז - על ידי זאת

עתי - עתיק יומן

עיז - על ידי זה

עתיש - עשרת ימי תשובה

עייש - עיין שם

עיכ - על ידי כך

פ-

עיל - עוד יש לדקדק

עיל - עוד יש להקשות

פ' - פרשת

עיל - עוד יש לומר

פ' - פרק

עים - עבור יניקה מוחין

פא - פעם אחרת

עיע - עיין עוד

פא - פעם אחת

עיש - עוד יש

פא - פרק א

עיש - עיין שם

פא - פרק אמצעי

עית - עשרת ימי תשובה

פא - פרקין אמצעים

עכ - עד כאן

פאפ - פה אל פה

עכ - על כורחו

פבא - פנים באחור

עכ - על כורחם

פבפ - פנים בפנים

עכ - על כן

פג - פורים גדול

פג - פורץ גדר
פג - פסיעה גסה
פג - פרט גדול
פג - פרק ג'
פג - פת גוים
פג - פתח גבוה
פהא - פרי האדמה
פהג - פרי הגפן
פהע - פרי העץ
פוא - פנים ואחור
פוח - פנימי וחיצון
פור - פרו ורבו
פז - פרק זה
פח - פה חותם
פחח - פי חכם חן
פטה - פיטום הקטורת
פי' - פירוש
פיו - פניו ידיו ורגליו
פיו - פרק ט"ו
פסד - פסק דין
פע - פרק עליון
פע - פרקין עילאין
פעח - פרי עץ חיים
פפ - פוצה פה
פפ - פותח פה
פפ - פתחון פה
פק - פרק קמא
פק - פרקא קדמאה
פרא - פרקי רבי אליעזר
פרדס - פשט רמז דרוש סוד
פרדרא - פרקי דרבי אליער
פרח - פרי חדש (ספר)
פרח - פרי עץ חיים (ספר)
פרשי - פרוש רש"י
פשז - פולטת שכבת זרע
פת - פרק תחתון
פת - פרקין תתאין
פתהד - פתח הדביר (ספר)

-צ

צב - צאן ברזל
צב - צריך ביאור
צבח - צער בעלי חיים
צבצ - צדיק בן צדיק
צבר - צדיק בן רשע
צג - צדיק גדול
צג - צדיק גמור
צג - צדיק גמור
צג - צדקה גדולה
צדל - צדקה לענים
צהכ - צאת הכוכבים
צוטל - צדיק וטוב לו
צורל - צדיק ורע לו
צי - צריך ישוב
צל - צריך לאמר
צל - צריך לבאר
צל - צריך לגרוס
צל - צריך לדעת

צל - צריך להבין
צל - צריך לזה
צלד - צריך לדעת
צלח - ציון נפש לחיה (ספר)
צלע - צריך לזה עיון
צלעג - צריך לזה עיון גדול
צמ - צאן מלוג
צע - צריך עיון
צעג - צריך עיון גדול
צער - צריך עיון רב
צת - צניף תפארתנו

-ק

ק - קשה
קאל - קאמר ליה (אמר לו) ארמית
קבהו - קודשא בריך הוא ושכינתיה (הקדוש ברוך הוא והשכינה) ארמית
קבעומש - קבלת עול מלכות שמים
קבש - קבלת שבת
קג - קשר גודל (ספר לחיד"א)
קגוש - קנין גמור ושלם
קגוש - קנין גמור ושריר
קד - קנין דברים
קה - קדוש השם
קהי - קהילת יעקב
קו' - קושיה
קו - קל וחומר
קובהוש - קודשא בריך הוא ושכינתיה
קור - קול רם
קידה - קידוש השם
קייל - קיימא לן
קיס - קריעת ים סוף
קלי' - קליפה, קליפות
קמג - שם קמ"ג (אלף הא יוד הא)
קמל - קא מבעי ליה
קמל - קא משמע לן
קמל - קא משמע לן (בא ללמד אותנו) ארמית
קנא - שם קנ"א (אלף הה יוד הה)
קסא - שם קס"א (אלף הי יוד הי)
קסד - קא סלקא דעתך
קף - קבלת פרס
קפ - קורבן פסח
קק - קודש קודשים
קק - קונטרס קבלה
קק - קצת קשה
קק - קשה קצת
קקק - קדוש קדוש קדוש
קקק - קדוש קדוש קדוש
קר - קול רם
קר - קלות ראש
קרושב - קלות ראש ושיחה בטילה
קריעת ים סוף
קש - קריאת שמע
קשד - קרינן שם דבריו
קשל - קשיא לה (קשה לו) ארמית

-ר

רא - רבי אלעזר

קונטרס ראשי תיבות לספרי הקבלה

ראבי - רבי אליעזר בן יעקב
ראבע - רבי אלעזר בן עזריה
רבבח - רבה בר בר חנה
רבים - רומי בבל יון מצרים
רבצ - רשע בן צדיק
רבר - רשע בן רשע
רבשע - רבונו של עולם
רג - רבן גמליאל
רגא - רבן גמליאל אומר
רדלא - רישא דלא אתיידע
רה - ראש השנה
רה - רחובות הנהר
רה - רשות הרבים
רהי - רשות היחיד
רהר - רשות הרבים
רהש - רוקע המכין שעשה....ברכות השחר
רוד - רחימו ודחילו
רוטל - רשע וטוב לו
רול - רוצה לומר
רום - רום מעלתו
רור - רוח רעה
רורל - רשע ורע לו
רז - רבינו זלמן)בעל שולחן ערוך הרב(
רזל - רבותינו זכרונם לברכה
רזל - רבינו זכרונו לברכה
רח - ראש חודש
רח - ראשית חכמה)ספר(
רחבד - רבי חנינה בן דוסא
רחבד - רבי חנינה בן תרדון
רחו - רבי חיים ויטאל
רחל - רחמנא לצלן
רי - רבי יצחק
ריבז - רבי יוחנן בן זכאי
ריבעהט - רבינו יעקב בעל הטור
ריהח - רבי יהודה החסיד
ריח - רבי יוסף חיים)בן איש חי(
ריפ - רבי יהודה פתיה
ריצ - רבי יעקב צמח
רל - רוצה לאומר
רל - ריש לקיש
רל - רצונו לומר
רמ - רבי מאיר
רמ - רום מעלתו
רמ - רעיא מהימנא
רמבם - רבי משה בן מימון
רמבן - רבי משה בן נחמן
רמז - רבי מורי זקני
רמז - רבי משה זכותא
רמח - רמ"ח)אברי האדם(
רמפ - רבי מאיר פאפרוש כץ
רמק - רבי משה קורדברו
רן - רוח נפש
רנש - רבי נתן שפירא
רע - רבי עקיבה
רעוד - רעותא דליבא
רעמ - רעיא מהימנא
רפ - רב פעלים)שו"ת לרי"ח הטוב(
רפבי - רבי פנחס בן יאיר

רפח - רבי חיים פלאגי
רפח - רפ"ח ניצוצות
רצהע - רצון העליון
רצע - רצון עליון
רר - רוח רעה
רשבי - רבי שמעון בר יוחאי
רשבנ - רבי שמואל בר נחמני
רשו - רבי שמואל ויטאל
רשי - רבי שלמה יצחקי
רשמ - רצונו של מקום
רשש - רבי שלום שרעבי
רת - ראשי תבות
רת - רבינו תם
רתס - ראש תוך סוף

-ש

שא - שליש א'
שא - שליש אמצעי
שאלכ - שאם לא כן
שאלמ - שאין לו מתירין
שאערשמ - שאין עושים רצונו של מקום
שארזל - שאמרו רבותינו זכרונם לברכה
שב - שאר בשר
שב - שיחה בטילה
שב - שליש ב'
שב - שערי בינה
שבהק - שבחמשה קצוות
שבח - שלמה בן חיים חיקיל)בעל הלש"ם(
שבלאה - שבלאו הכי
שבמא - שבמקום אחר
שבנוה - שבנצח והוד
שבעהז - שבעולם הזה
שבעז - שבעולם זה
שבעפ - שבעל פה
שג - שליש ג'
שד - שפיכות דמים
שדרזל - שדרשו רבותינו זכרונם לברכה
שהג - שם הגדולים)ספר לחיד"א(
שהג - שער הגלגולים
שהולל - שהיה לו לומר
שהזג - שהזמן גרמא
שהיסב - שהיד סולדת בו
שהמ - שער המצות
שהעה - שלמה המלך עליו השלום
שהף - שער הפסוקים
שהק - שער ההקדמות
שהש - שיר השירים
שהשר - שיר השירים
שואת - שב ואל תעשה
שואת - שב ואל תעשה
שואתע - שב ואל תעשה עדיף
שוע - שתי וערב
שוקר - שחוק וקלות ראש
שור - שוב ראיתי
שות - שאלות ותשובות
שז - שכבת זרע
שזג - שזמן גרמא
שזל - שפך זרע לבטלה

קונטרס ראשי תיבות לספרי הקבלה

שח - שאלת חלום
שח - שומר חינם
שט - שכר טרחה
שטח - שטר חוב
שיוב - שיורי ברכה (ספר)
שילם - שיש לו מתירין
שיסב - שיד סולדת בו
שכ - שכיב מרע
שך - שלמה הכהן (הרב יפה שעה - רבי שלמה הכהן)
שכא - שכל אחד
שכזל - שכבת זרע לבטלה
שכך - שכך כתב
שכל - שכל זה
שכמ - שכיב מרע
שכמה - שכרו כפול מן השמים
שכפז - שכפי זה
שלבל - שלא בא לעולם
שלה - שני לוחות הברית (ספר)
שמ - שכיב מרע
שמ - של מטה
שמ - של מעלה
שמ - שמע מינא
שמוזל - שמורי ז"ל
שמות - שנים מקרא ואחד תרגום
שממ - שמכל מקום
שמן - (הרב) שלמה מולכו נראה
שמן למאור
שמס - שמר סבר
שמר - שמועה רחוקה
שמר - שמות רבה
שמר - שער מאמרי רשב"י
שמרשבי - שער מאמרי רשב"י
שמש - שלום מזרחי שרעבי (הרש"ש)
שמש - שמה שכתב
שנב - שהכול נהיה בדברו
שנגלה - שורש נשמה גוף לבוש היכל
שנימ - שומר נפשו ירחק מזה
שס - שישה סדרים (משנה, תלמוד, גמרא)
שסדמ - שש סדרי משנה
שסה - שס"ה (גידים באדם)
שע - של עולם
שע - שליש עליון
שע - שמיני עצרת
שעאפ - שעל אף
שעג - שעל גבי
שעג - שעל גביו
שעה - שורש ענף הארה
שעהכ - שער הכוונות
שעיכ - שעל ידי כך
שער - שעת רצון (לרב שלמה הכהן)
שפ - שווה פרוטה
שפ - שווה פרוטה
שפא - שפת אמת (ספר בקבלה)
שץ - שליח ציבור
שצ - שליח ציבור
שצ - שלמי ציבור
שצל - שאינה צריכה לגופה
שצמחנכל - שבתאי צדק מאדים חמה נוגה כוכב לבנה

שק - שבת קודש
שק - שש קצוות
שר - שימושא רבא
שר - של ראש
שר - שלום רב
שר - שלוש רגלים
שר - שם רע
שר - שמות רבה
שר - שנה ראשונה
שר - ששים רבוא
שרשמ - שעושים רצונו של מקום
שש - שים שלום
שש - שכר שכיר
שש - שלום שרעבי (הרש"ש)
שש - שם שמים
שש - שמן ששון (פרוש רבי ששון בכר על ע"ח)
ששק - של שבת קודש
שת - שליש תחתון
שת - שעת תפילה

-ת

תגת - תלת גו תלת
תד - תקוני דיקנא
תדבא - תנא דבי אליהו
תה - תחת השמש
תה - תשמיש המיטה
תהמ - תשמיש המיטה
תהר - תהומא רבא (תהום גדול) ארמית
תהש - תכלית השלמות
תהש - תכלית השנאה
תהש - תפילת השחר
תהש - תרגום השבעים
תו - תבנה ותכונן
תוא - תגין ואותיות
תובב - תיבנה ותתקומם במהרה בימינו
תובבא - תבנה ותכונן במהרה בימינו אמן
תוהק - תורה הקדושה
תום - תפארת ומלכות
תום - תפלין ומזוזות
תומי - תומך יד
תומי - תומכי ישראל
תומי - תכף ומיד
תומצ - תורה ומצות
תז - תקוני זהר
תזוח - תקוני זהר חדש
תזל - תזכו למצוות
תח - תא חזי (בא תראה) ארמית
תח - תורת חכם (רבי חיים דילה רוזה)
תח - תיקון חצות
תח - תלמיד חכם
תחה - תחיית המתים
תחהמ - תחיית המתים
תחי - תחת יד
תחי - תחת ידי
תי' - תיקון
תיקו' - תיקונים
תכ - תוך כדי
תכ - תורת כהנים

תכ - תניא כותיה
תכ - תשש כחו
תכב - תלת כלילן בתלת
תכבת - תלת כלילין בתלת
תל - תיקון לאה
תל - תלמוד לומר
תלית - תהילות לשם יתברך
תנ - תפילת מנחה
תנדבא - תנא דבי אליהו
תנה - תפארת נצח הוד
תנהי - תפארת נצח הוד יסוד
תנהים - תפארת נצח הוד יסוד מלכות
תנך - תורה נביאים כתובים
תע - תפילת ערבית
תע - תשועת עולמים
תעב - תבוא עליו ברכה
תר - תיקון רחל
תרום - תרומות ומעשרות
תש - תא שמע (בא תשמע) ארמית
תש - תפילת שחרית
תשבעפ - תורה שבעל פה
תשח - תשואות חן
תשי - תפילין של יד
תשר - תפילין של ראש
תת - תלמוד תורה
תת - תפארת

קוֹנטרס ראשׁי תיבות לסִפרי הקַבלה

עֵץ חַיִּים

לְרַבֵּינוּ חַיִּים וִויטַאל

שֶׁקִּיבֵּל מִמָּרָן הָאֲרִ"י זלה"ה

שַׁעַר ב'

שַׁעַר הַהִשְׁתַּלְשְׁלוּת ע"ס

עָנָף ג'

חֵלֶק הַתַּרְשִׁימִים טַבְלָאוֹת וְצִיּוּרִים

שִׂמְחַת חַיִּים

<u>**הקדמה קצרה**</u>

דע כי כל התרשימים הציורים והטבלאות, הם אך ורק לשכך את האוזן, ולשבר את העין. וכל הציורים הם לא שלמים.

כתב הרי"ח הטוב ברב פעלים ח"ב בסוד ישרים ה' - אך דע לך כי סדר התלבשות המחצבים שכתב מהרח"ו בשערי קדושה עד עולם הזה שאנחנו עומדים בו. וכן סדר התלבשות הפרצופים אשר בכל מחצב ומחצב, וסדר התלבשות העולמות זה בזה, והיושר והעיגולים, לא אית אינש דכיל למנלע רזא דנא, איך היא עשוי, איך הוא עומד, ולא אפשר לשכל אנושי לצייר כל הנזכר על אמתיתם, ועל בוריין מפני כי שכל האנושי בהיותו עצור ומונח בגוף גשמיי, אי אפשר לי להשיג דבר רוחני, והוא זה דומה לאדם סומא מן הבטן שלא ראה מאורות מימיו, דודאי אי אפשר לו לצייר מראות השמש והירח הנראין לעיני הבריות, וכל שכן מה שיש למעלה למעלה.

וכן כתב ברב פעלים ח"א בסוד ישרים א' - סוף דבר הכל נשמע, ה' אחד ושמו אחד, ואין לו גוף ולא דמות הגוף, ואין לו שום ציור, ותמונה ודמיון כלל ועיקר, וגם כל העולמות וספירות הקדושים למעלה אין להם ציור ודמיון של גופים האלה כלל, ואין מי שיוכל לידע איך איך עמידתם וסדרם, ואיך עומדים עולמות היושר ועולמות העיגולים, ואיך מתחברים זה עם זה, ואיך נמשך השפע מזה לזה, ואיך הוא תוארם ומראיהם, ואיך הוא מהות השפע המחיה אותם, ומקיים אותם, וכמה הוא שיעור אורכם וגובהן ורחבם, ואיך הם נכללים זה בזה, ומלבישים זה לזה, כי בכל זאת אין שום שכל אנושי יוכל לדעת, ולהבין, ולהשיג, כלל ועיקר.

הרב ז"ל כתב בשער אח"פ תחילת פ"א וז"ל - כבר ידעת כי אין בנו כח לעסוק קודם אצילות עשר ספירות, ולא לדמות שום דמיון וצורה כלל ח"ו, אך לשכך האזן, אנו צריכים לדבר דרך משל ודמיון, לכן אף אם נדבר במציאות ציור שם למעלה, אין הדבר רק לשכך האזן. אמנם דע כי עשר ספירות דאצילות הם שתי עניינים. האחד הוא התפשטות הרוחניות, והשני הוא כלים ואברים אשר העצמות מתפשט בהם. והנה צריך שיהיה לכל זה שורש למעלה לשתי בחינות אלו, ולכן צריכין אנו לדבר בסדר המדרגות מראש עד סוף, והנה נתחיל ונאמר כי הלא הא"ס ב"ה אין בו שום ציור כלל ח"ו כמבואר.

הרב ז"ל כתב בשער טנת"א פ"א - והנה אף על פי שאנו מכנים וקוראים כאן כנויים אלו כגון אדם ראש אזנים וכיוצא אינו רק לשכך האזן לשיובנו הדברים לכן אנו מכנים כנויים אלו במקום גבוה, עד כאן לשונו.

וכן הרמ"ק בפרדס רימונים ש"ו פ"א - וציירו להם המקובלים צורות ביריעות גדולות וקראום אילן.

הרב ז"ל כתב בסוף ש"ה פ"ד וז"ל - ואמנם דבר גלוי הוא כי אין למעלה גוף ולא כח גוף חלילה. וכל הדמיונות והציורים אלו לא מפני שהם כך חס ושלום. אמנם לשכך את האוזן לכשיוכל האדם להבין הדברים העליונים הרוחניים בלתי נתפסים ונרשמים בשכל האנושי, לכן ניתן רשות לדבר בבחינת ציורים ודמיונים, כאשר הוא פשוט בכל ספרי הזוהר. וגם בפסוקי התורה עצמה כולם כאחד עונים ואומרים בדבר הזה כמו שאמר הכתוב עיני ה' המה משוטטים בכל הארץ. עיני ה' אל צדיקים. וישמע ה'. וירח ה'. וידבר ה'. וכאלה רבות וגדולה מכולם מה שאמר הכתוב ויברא אלהים את האדם בצלמו בצלם אלהים ברא אותו זכר ונקבה וגו'. ואם התורה עצמה דברה כך גם אנחנו נוכל לדבר כלשון הזה, עם היות שפשוט הוא שאין שם למעלה ולא אלא אורות דקים, בתכלית הרוחניות, בלתי נתפשים שם כלל, וכמו שאמר הכתוב כי לא ראיתם כל תמונה, וכאלה רבות. ואמנם יש עוד דרך אחרת כדי להמשיך ולצייר בה הדברים העליונים, והם בחינת כתיבת צורת אותיות, כי כל אות ואות מורה על אור פרטי עליון, וגם תמונת זו דבר פשוט הוא כי אין למעלה לא אות, ולא נקודה, וגם זה דרך משל וציור לשכך את האוזן כנזכר. ולכן נבאר עתה ההקדמה הנזכר על דרך ציור האותיות גם כן ובבחינת ציורים אלו, הן ציור האדם, והן ציור אותיות, שתיהן מוכרחים להבין ענין האורות העליונים, כאשר תראה ספרי הזוהר בנויים על שתי בחינות הציורים האלה, עד כאן לא.

ולכן גם אנחנו הרשינו לעצמינו לצייר ציורים, תרשימים וטבלאות, אך ורק כדי לשכך את האוזן, ולשבר את העין, כדי להבין את הסוגייה.

אח"י

תרשימים שׁעׁר ב׳ ענׁף גׁ׳

סדר שמות שמות ההיכלות והשערים בעץ חיים

שם היכל	שער	שם השער	א	ב	ג	ד	ה	ו	ז	ח	ט	י	יא	יב	יג	יד	טו
אדם קדמון	א	עיגולים ויושר	א	ב	ג	ד	ה										
	ב	השתלשלות י"ס דרך עגו'	א	ב	ג												
	ג	סדר אצילות למהרח"ו	א	ב	ג												
	ד	אח"פ	א	ב	ג	ד	ה										
	ה	טנת"א	א	ב	ג	ד	ה	ו	ז								
	ו	עקודים	א	ב	ג	ד	ה	ו	ז	ח							
	ז	מטי ולא מטי	א	ב	ג	ד	ה										
נקודים	ח	דרושי נקודות	א	ב	ג	ד	ה	ו									
	ט	שבירת הכלים	א	ב	ג	ד	ה	ו	ז	ח							
	י	תיקון	א	ב	ג	ד	ה										
	יא	מלכים	א	ב	ג	ד	ה	ו	ז	ח	ט	י					
הכתרים	יב	עתיק	א	ב	ג	ד	ה										
	יג	א"א	א	ב	ג	ד	ה	ו	ז	ח	ט	י	יא	יב	יג	יד	
או"א	יד	או"א	א	ב	ג	ד	ה	ו	ז	ח	ט	י					
	טו	זווגים	א	ב	ג	ד	ה	ו									
	טז	הולדת או"א וזו"ן	א	ב	ג	ד	ה	ו	ז								
ז"א	יז	ז"א	א	ב	ג	ד											
	יח	רפ"ח נצוצין	א	ב	ג	ד	ה	ו									
	יט	אנ"ך	א	ב	ג	ד	ה	ו	ז	ח	ט	י					
	כ	המוחין	א	ב	ג	ד	ה	ו	ז	ח	ט	י	יא	יב			
	כא	לידת המוחין	א	ב	ג												
	כב	מוחין דקטנות	א	ב	ג												
	כג	מוחין דצלם	א	ב	ג	ד	ה	ו	ז	ח							
	כד	פרקי הצלם	א	ב	ג	ד	ה	ו	ז								
	כה	דרושי הצלם	א	ב	ג	ד	ה	ו	ז	ח							
	כו	צלם	א	ב	ג	ד											
	כז	פרטי עי"מ	א	ב	ג	ד											
	כח	עיבורים	א	ב	ג	ד	ה										
	כט	נסירה	א	ב	ג	ד	ה	ו	ז	ח	ט						
	ל	פרצופים	א	ב	ג	ד	ה	ו	ז								
	לא	פרצופי זו"ן	א	ב	ג	ד	ה										
	לב	הארת המוחין	א	ב	ג	ד	ה	ו	ז	ח	ט						
	לג	אונאה	א	ב	ג	ד	ה										
נוק' דז"א	לד	תיקון הנוקבא	א	ב	ג	ד	ה	ו	ז								
	לה	הירח	א	ב	ג	ד	ה										
	לו	מעוט הירח	א	ב	ג	ד											
	לז	יעקב ולאה	א	ב	ג	ד	ה										
	לח	לאה ורחל	א	ב	ג	ד	ה	ו	ז	ח	ט						
	לט	מ"ן ומ"ד	א	ב	ג	ד	ה	ו	ז	ח	ט	י	יא	יב	יג	יד	טו
	מ	פנימיות וחצוניות	א	ב	ג	ד	ה	ו	ז	ח	ט	י	יא	יב	יג	יד	טו
	מא	חשמל	א	ב	ג												
אבי"ע	מב-א	דרושי אבי"ע	א	ב	ג	ד	ה	ו	ז	ח	ט	י	יא	יב			
	מב-ב	כללות אבי"ע	א	ב	ג	ד											
	מג	ציור עולמות אבי"ע	א	ב	ג	ד											
	מד	שמות	א	ב	ג	ד	ה	ו	ז								
	מה	מקיפין	א	ב	ג	ד											
	מו	כסא הכבוד	א	ב	ג	ד	ה	ו									
	מז	סדר אבי"ע	א	ב	ג	ד	ה	ו									
	מח	קליפות	א	ב	ג	ד											
	מט	קליפת נוגה	א	ב	ג	ד	ה	ו	ז	ח	ט						
	נ	קיצור אבי"ע	א	ב	ג	ד	ה	ו	ז	ח	ט	י					

תרשימים שער ב' ענף ג'

טבלת ערכים

עשיה	יצירה	בריאה	אצילות	אדם קדמון	עולמות
נוקבא	ז"א	אמא	אבא	ע"י וא"א	פרצופים
מלכות	חג"ת נה"י	בינה	חכמה	כתר	ספירות
ה	ו	ה	י	קוץ של י'	הוי"ה
נפש	רוח	נשמה	חיה	יחידה	אורות
ב"ן - יוד הה וו הה	מ"ה - יוד הא ואו הא	ס"ג - יוד הי ואו הי	ע"ב - יוד הי ויו הי	שורש הוי"ה	מלוי
אותיות	תגין	נקודות	טעמים	שורשים	טנת"א
אין ניקוד	סגול, שוה, חולם חיריק, קבוץ, שורוק	צרי	פתח	קמץ	נקודות
עטרת היסוד	גוף וברית	מוח שמאל	מוח ימין	גולגולתא	אדם
כבד	לב	מוח	ל - מקיף, חיה	מ - מקיף, יחידה	מל"צ
היכל	לבוש	גוף	נשמה	שורש	שנגל"ה
יעו"ר	זו"ן	ישסו"ת	או"א עלאין	ער"ן אאו"ן	י"ב פרצופים
כלים	לבושים	צלמים	מוחין	אורות	כל צמא
עור	בשר	גידין	עצמות	מוח	אברים
דיבור	ריח	שמיעה	ראיה	מוח	חושים
חושך	מלאכים	נשמות	ספירות	א"ס	מחצבים
צ' כבד	צ' לב	צ' מוח	ל' מקיף א'	מ' מקיף ב'	צלם
דומם	צומח	חי	מדבר	אלוקות	דחצ"מ
עפר	רוח	אש	מים	יולי	יסודות
וילון	מכון, מעון, זבול שחקים, רקיע	ערבות	ערבות	ערבות	רקיעים
לבנה	ככבים	מזלות	גלגל היומי	גלגל השכל	גלגלים
לבנת הספיר	אהבה, זכות, רצון, עצם השמים, לבנת הספיר	קודש קודשים	קודש קודשים	קודש קודשים	היכלות
כו - וד הו ה	יט - וד או א	לז - וד או י	מו - וד י יו י		מלוי הוי"ה
קנ"א - אלף הה יוד הה	קמ"ג - אלף הא יוד הא	קס"א - אלף הי יוד הי	קס"א - אלף הי יוד הי		אהי"ה

תרשימים שער ב' ענף ג'

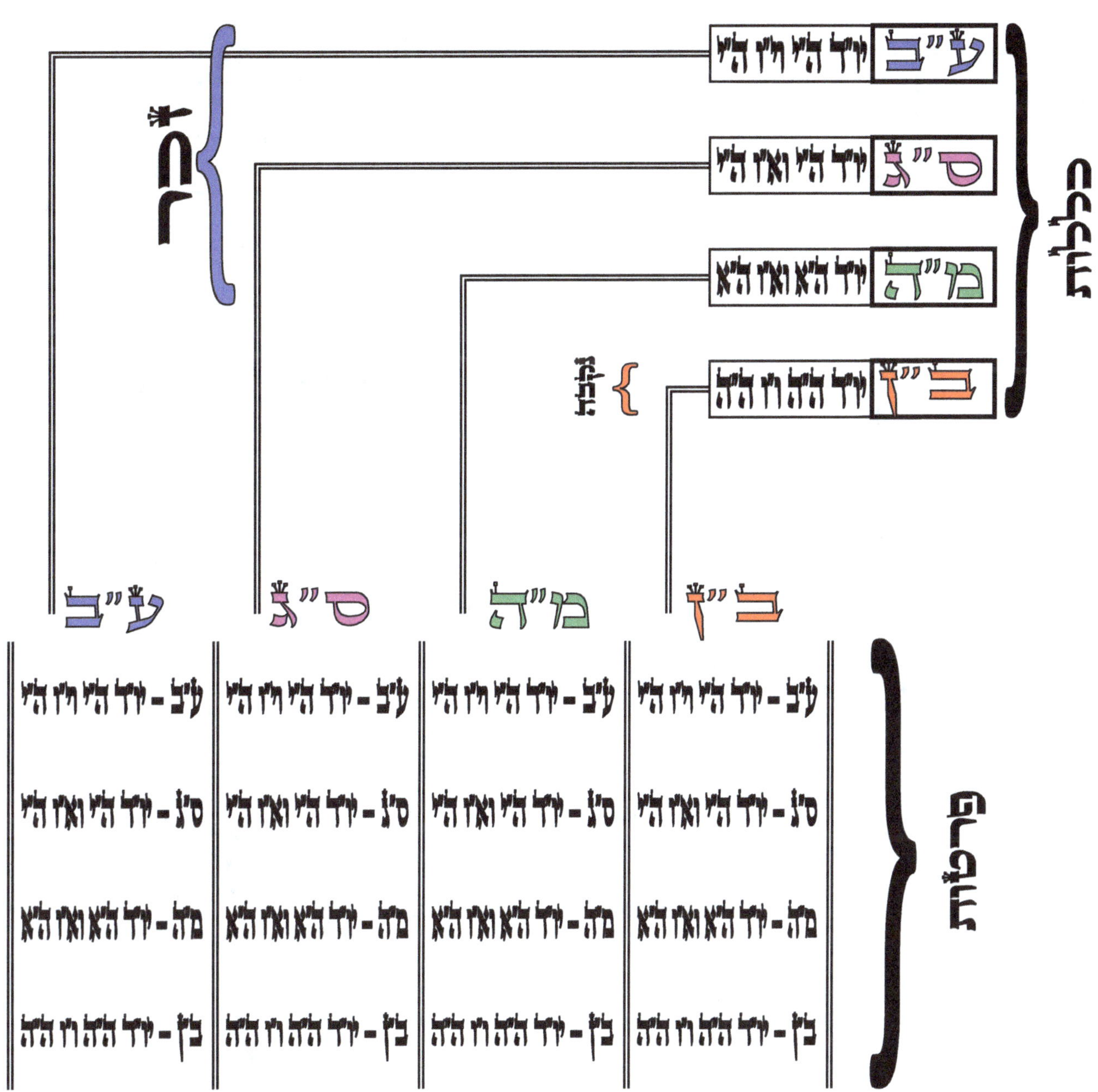

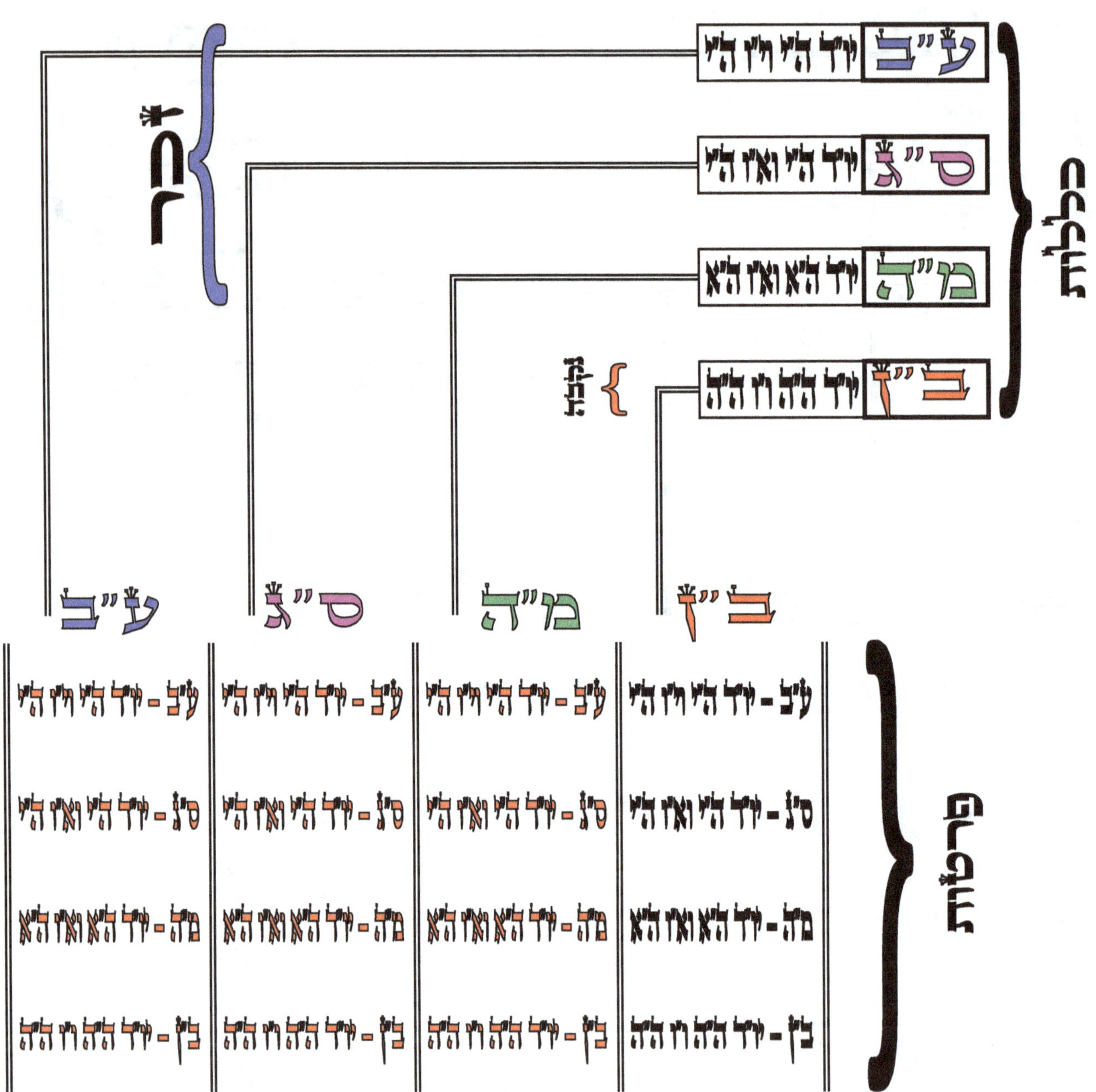

י"ב בחינות של מקיפים שהם עסמ"ב דעס"מ

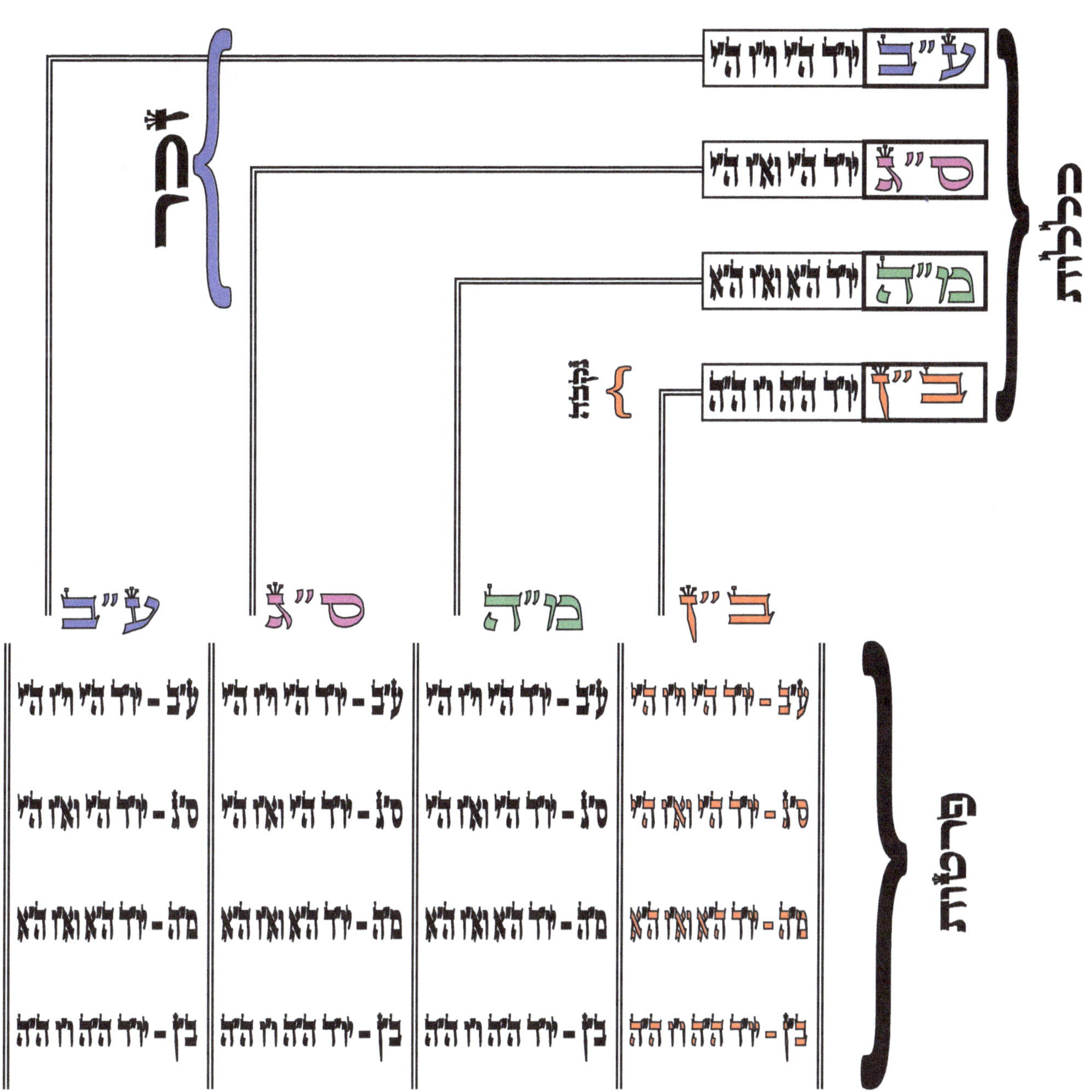

ד' בחינות של מקיפים שהם עסמ"ב דב"ן

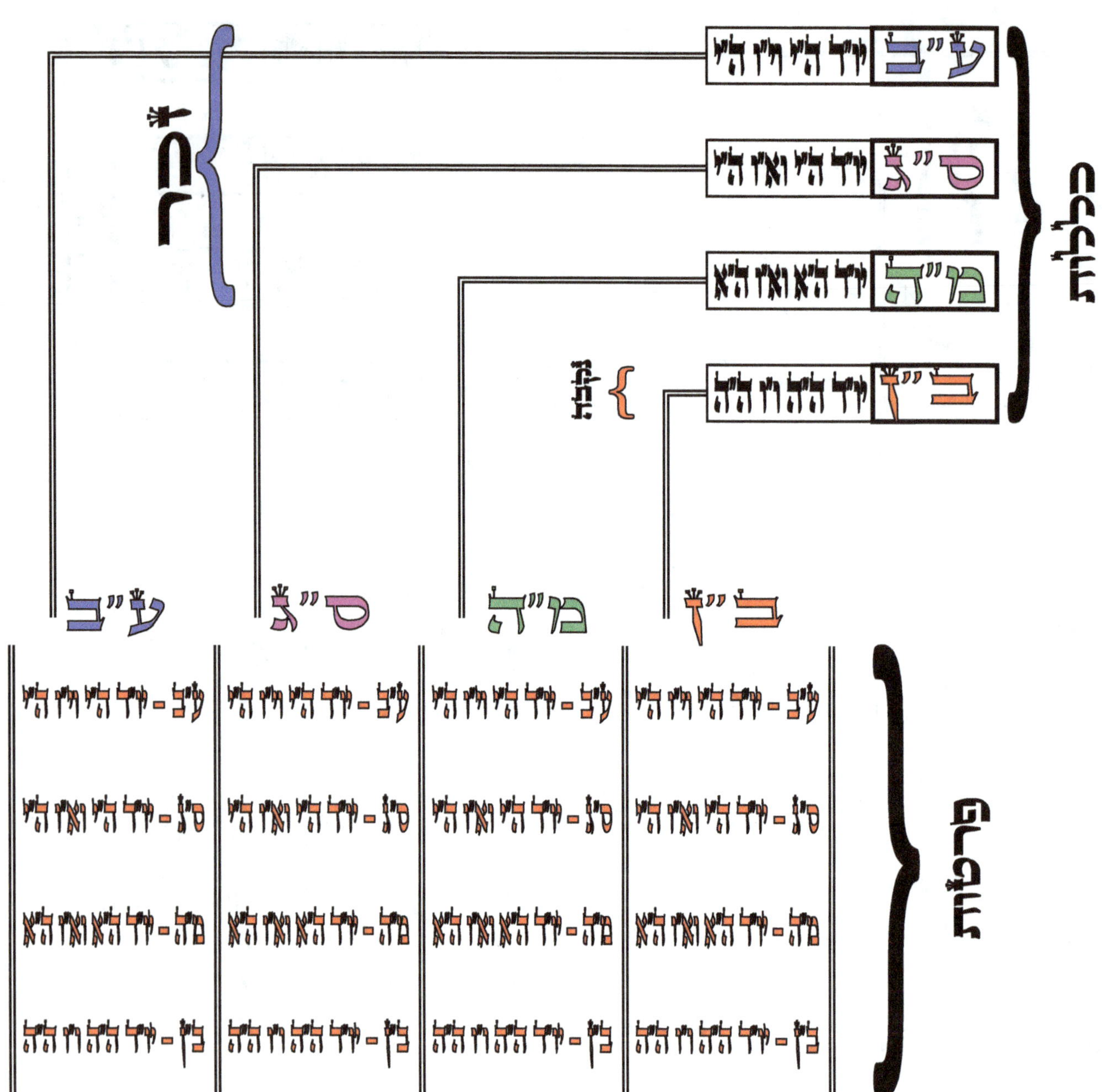

ט"ז בחינות של מקיפים שהם עסמ"ב דעסמ"ב

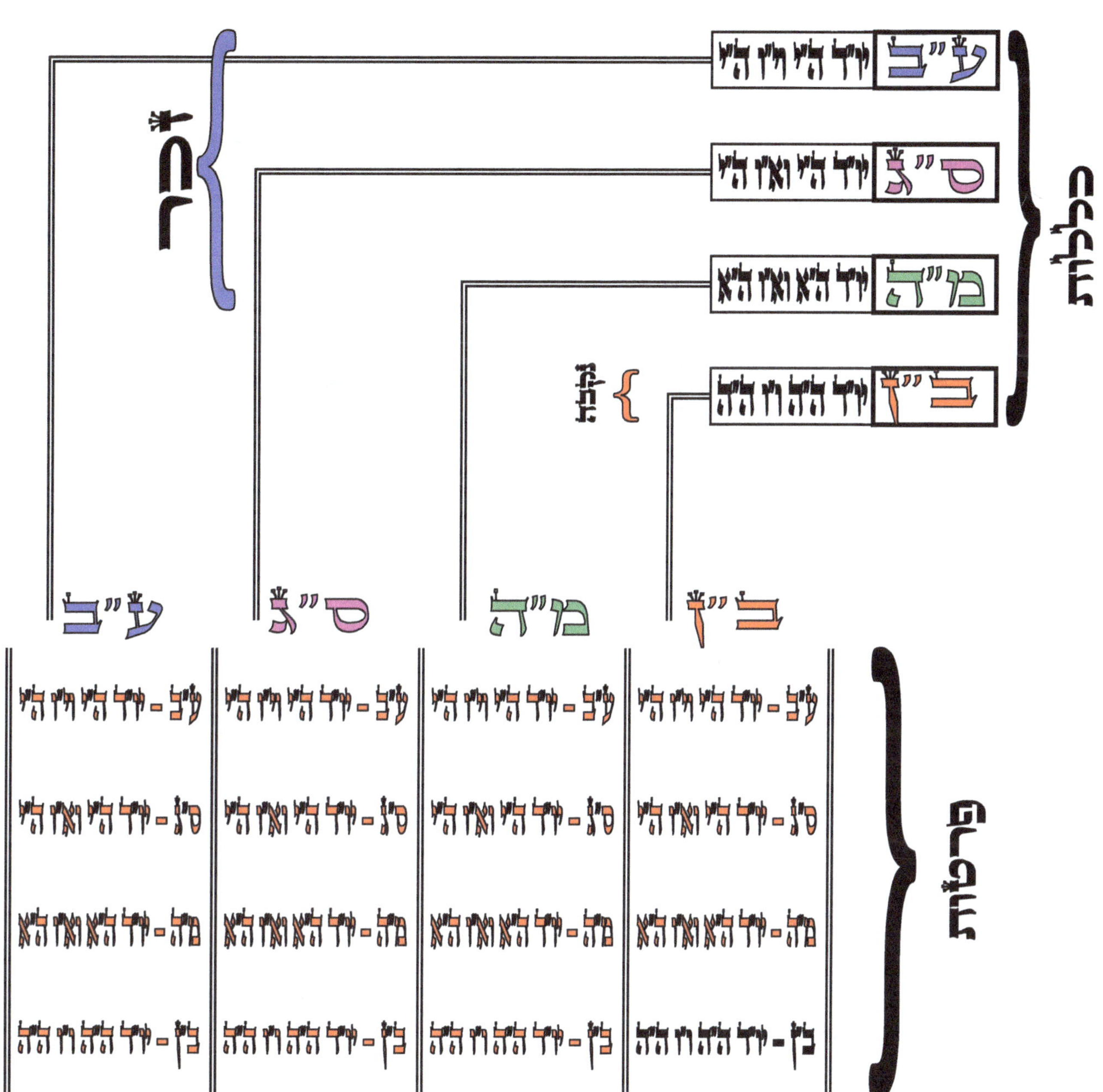

ט"ו בחינות של מקיפים שהם עסמ"ב דעס"מ ועס"מ דב"ן

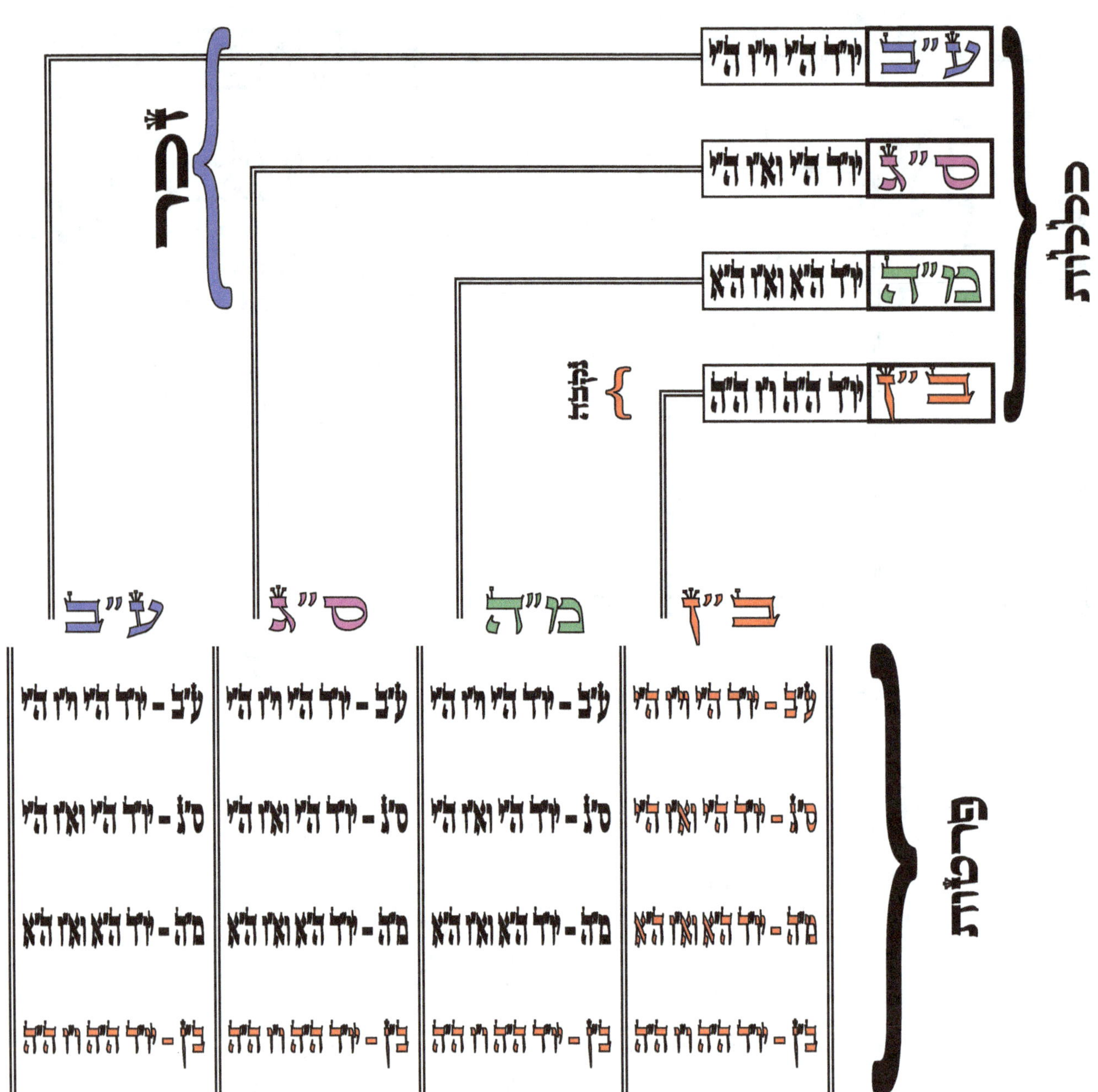

ז' בחינות של מקיפים שהם עסמ"ב דב"ן וב"ן דעס"מ

תרשים ג - ז

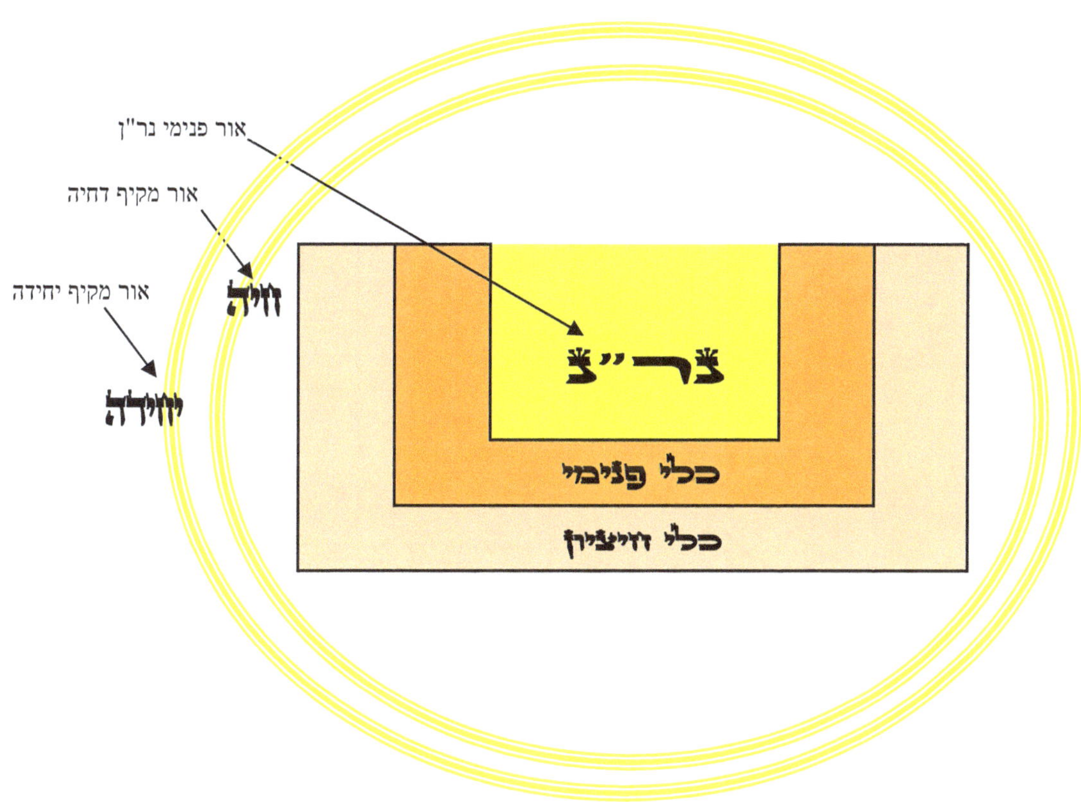

תרשים ג - ח

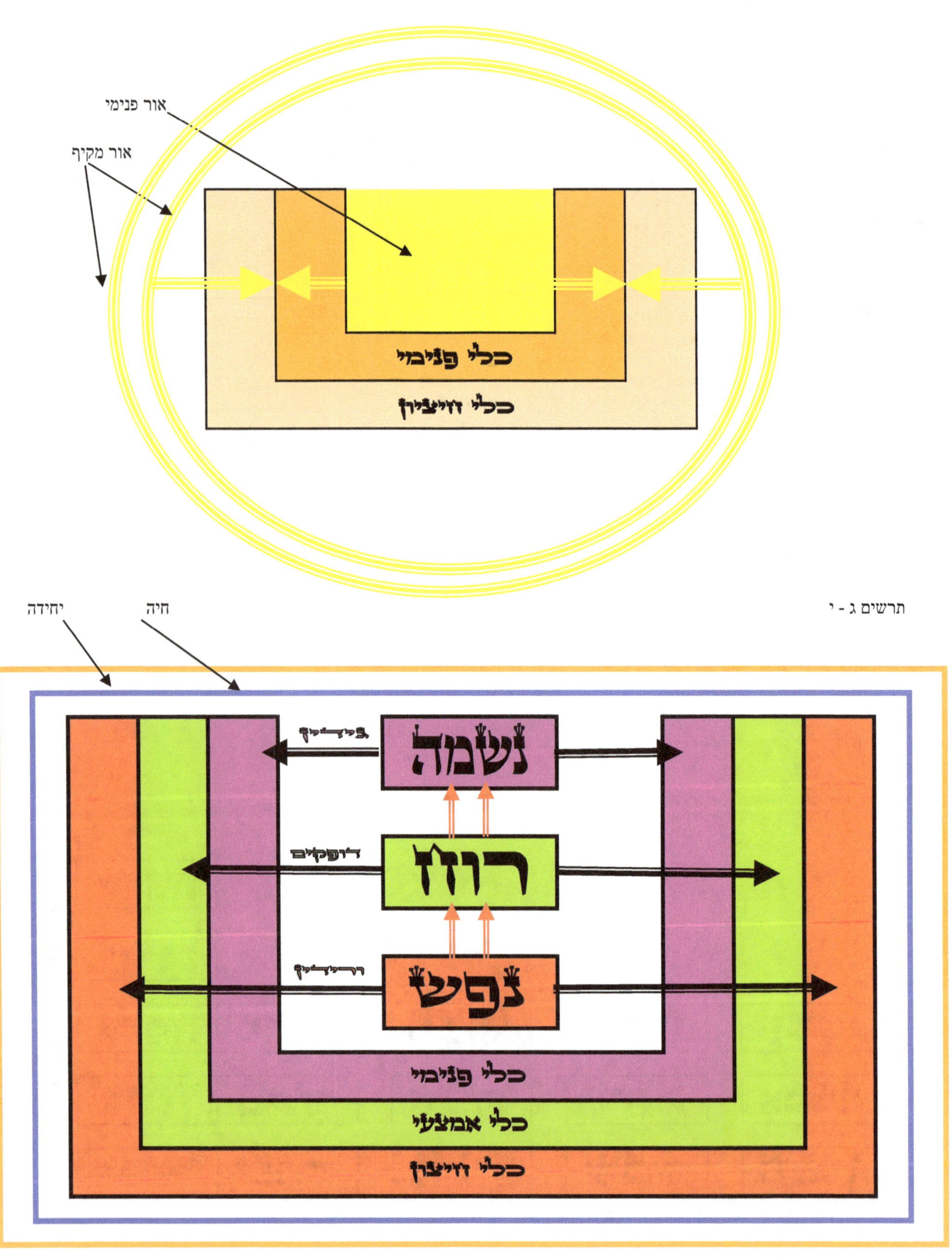
תרשים ג - ט
אור פנימי
אור מקיף
כלי פנימי
כלי חיצון
תרשים ג - י
יחידה
חיה
נשמה
רוח
נפש
כלי פנימי
כלי אמצעי
כלי חיצון